## 범례 3. 여성형과 남성형이 따로 있는 경우 모두 표기하였습니다.

사람을 가리키는 명사는 여성형과 남성형이 따로 있을 수 있습니다. 이러한 단어는 남성형과 여성형을 모두 기재하였습니다. 그리고 남성형과 여성형은 각자 복수형도 따로 있습니다. 성별이 섞인 무리를 가리킬 때에는 남성 복수형을 사용하거나, 아니면 남성 복수형과 여성 복수형을 함께 사용할 수 있습니다. 예를 들어, "친구들"을 독일어로 표현하면, "Freunde" 혹은 "Freundinnen und Freunde" 라고 표현합니다.

예)

| 108 ●●● | 109 |
|---|---|
| der **Freund**  die Freunde | 친구 (남), 남자 친구 |
| Wie viele Freunde hast du? | 너는 친구가 얼마나 많이 있니? |
| wie viele | 얼마나 많은 |

| 109 ●●● | 109 |
|---|---|
| die **Freundin**  die Freundinnen | 친구 (여), 여자 친구 |
| Marie ist meine Freundin. | Marie는 내 여자 친구야. |

## 범례 4. 동사는 원형을 기재하였습니다.

동사 원형은 대부분 어미가 -en입니다. sein, tun과 같은 동사는 예외입니다.

예)

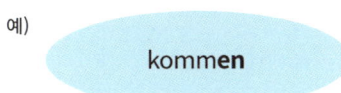

독일어 학습에 대한 문의가 있나요?
독독독으로 언제든 연락주세요.

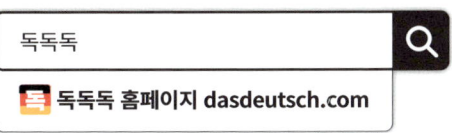

안내 3

# 목차

| | |
|---|---|
| 안내 | 2 |
| 목차 | 4 |

## Kennenlernen · 서로 알아가기 · 6

| | | |
|---|---|---|
| Name | 이름 | 6 |
| Herkunft / Nationalität | 출생지 / 국적 | 7 |
| Beruf | 직업 | 11 |
| Sprachen | 언어 | 16 |
| Zahlen / Alter | 숫자 / 나이 | 18 |
| 연습문제 | | 24 |

## Familie & Freizeit · 가족 & 자유 시간 · 26

| | | |
|---|---|---|
| Familie & Freunde | 가족 & 친구 | 26 |
| Haustiere | 반려동물 | 31 |
| Hobby | 취미 | 32 |
| 연습문제 | | 40 |

## Zeit · 시간 · 42

| | | |
|---|---|---|
| Uhrzeit | 시각 | 42 |
| Woche | 주 | 44 |
| Tageszeit | 하루 | 49 |
| Zeitliche Zusammenhänge | 시간 관계 | 52 |
| Tagesablauf | 일과 | 56 |
| 연습문제 | | 60 |

## Essen · 음식 · 62

| | | |
|---|---|---|
| Mahlzeiten | 식사 시간 | 62 |
| Gerichte & Zutaten | 요리 & 식재료 | 65 |
| Gemüse | 채소 | 69 |
| Obst | 과일 | 72 |
| Süßes & Geschmack | 단것 & 맛 | 75 |
| Getränke | 음료 | 77 |
| 연습문제 | | 80 |

| | | |
|---|---|---|
| **Gegenstände** | **사물** | **82** |
| Gegenstände | 사물 | 82 |
| Wohnung & Möbel | 집 & 가구 | 90 |
| 연습문제 | | 98 |
| **Fortbewegung** | **이동** | **100** |
| Fortbewegung | 이동 | 100 |
| Orte | 장소 | 108 |
| 연습문제 | | 114 |
| **Datum & Interaktion** | **날짜 & 상호 작용** | **116** |
| Monat & Datum | 달 & 날짜 | 116 |
| Wetter | 날씨 | 120 |
| Häufigkeit & zeitliche Zusammenhänge | 빈도 & 시간 관계 | 124 |
| Interaktion | 상호 작용 | 128 |
| 연습문제 | | 136 |
| **Körper & Aussehen** | **신체 & 외관** | **138** |
| Kleidung | 옷 | 138 |
| Farben | 색 | 140 |
| Aussehen | 외관 | 142 |
| Krankheit | 질병 | 150 |
| 연습문제 | | 154 |
| **정답** | | **156** |
| **듣기 지문** | | **160** |

# Kennenlernen
# 서로 알아가기

| Name | 이름 |
|---|---|
| 001 ●●●<br>**heißen**<br><br>Ich heiße Marie Müller.<br>ich | 001<br>(이름이) ~라고 불리다,<br>(이름이) ~이다<br><br>나는 Marie Müller라고 불려.<br>나는 |
| 002 ●●●<br>**wie**<br><br>Wie heißt du?<br>du | 002<br>어떻게<br><br>너는 (이름이) 뭐라고 불리니(이름이 뭐니)?<br>너는 |
| 003 ●●●<br>der **Name**   die Namen<br><br>Mein Name ist David Krause.<br>mein | 003<br>성명, 이름<br><br>제 성명은 David Krause예요.<br>나의/저의 |
| 004 ●●●<br>der **Vorname**   die Vornamen<br><br>Mein Vorname ist David. | 004<br>(성을 뺀) 이름<br><br>내 이름은 David야. |

005 ● ● ●
**der Nachname** die Nachnamen
Mein Nachname ist Krause.

005
**성씨**
내 성은 Krause야.

006 ● ● ●
**der Familienname**
die Familiennamen
Unser Familienname ist sehr alt.

006
**(가족) 성씨**

우리 성씨는 아주 오래됐어.

007 ● ● ●
**wer**
Wer ist das?
das

007
**누가**
그거 누구야?
그것이/그것은

008 ● ● ●
**sein**
Ich bin Marie.

008
**~이다**
나는 Marie야.

| Herkunft / Nationalität | 출생지 / 국적 |
|---|---|

009 ● ● ●
**kommen**
Ich komme aus Deutschland.
aus

009
**오다, ~ 출신이다**
나는 독일에서 왔어.
~에서부터

**010**

**woher**
Woher kommst du?

**010**

**어디에서, 어디에서부터**
너는 어디에서 왔어?

---

**011**

**das Land**  die Länder
Aus welchem Land kommst du?
welch-

**011**

**나라, 국가**
너는 어느 나라에서 왔니?
어느

---

**012**

**Deutschland**
Marie kommt aus Deutschland.

**012**

**독일**
Marie는 독일에서 왔어.

---

**013**

**Südkorea**
Seokhun kommt aus Südkorea.

**013**

**한국**
석훈은 한국에서 왔어.

---

**014**

**Japan**
Kommen Sie aus Japan?
Sie

**014**

**일본**
당신은 일본에서 오셨어요?
당신은

015

## China
Ich komme aus China. Und du?

015

## 중국
나는 중국에서 왔어. 그럼 너는?

016

## Österreich
Wir kommen aus Österreich.
wir

016

## 오스트리아
우리는 오스트리아에서 왔어.
우리는

017

## die Schweiz
Wir kommen aus der Schweiz.

017

## 스위스 (여성 명사)
우리는 스위스에서 왔어.

018

## Frankreich
Kommt Amelie aus Frankreich?

018

## 프랑스
Amelie는 프랑스에서 왔어?

019

## England
John und Catherine kommen aus England.

019

## 잉글랜드(영국)
John과 Catherine는 영국에서 왔어.

**020** ● ● ●
## Spanien
Ich komme nicht aus Deutschland. Ich komme aus Spanien.

**020**
## 스페인
나는 독일에서 오지 않았어. 나는 스페인에서 왔어.

**021** ● ● ●
## Italien
Ja, genau. Ich komme aus Italien.
genau

**021**
## 이탈리아
응, 맞아. 나는 이탈리아에서 왔어.
정확히

**022** ● ● ●
## die USA
Mike kommt aus den USA.

**022**
## 미국 (복수 명사)
Mike는 미국에서 왔어.

**023** ● ● ●
## die Türkei
Deniz kommt aus der Türkei.

**023**
## 터키 (여성 명사)
Deniz는 터키에서 왔어.

**024** ● ● ●
## wohnen
Ich wohne in Seoul.
in

**024**
## 거주하다
나는 서울에 살아.
~(안)에

025

**wo**
Wo wohnst du?

025

**어디에**
너는 어디에 살아?

026

**geboren sein**
Wo bist du geboren?

026

**태어났다**
너는 어디에서 태어났어?

027

die **Heimat**
Wo ist deine Heimat?

027

**고향**
네 고향은 어디야?

| Beruf | 직업 |
| --- | --- |

028

der **Beruf**  die Berufe
Was sind Sie von Beruf?
was

028

**직업**
당신은 직업이 무엇인가요?
무엇

029

**arbeiten**
Ich arbeite als Designer.
als • der Designer

029

**일하다**
나는 디자이너로 일해요.
~로서 • 디자이너(남)

**030**

**machen**
Was machen Sie beruflich?
beruflich

**030**

하다
당신은 직업으로 무엇을 하시나요?
직업상

**031**

der **Schüler**  die Schüler
Der Schüler kommt aus Südkorea.

**031**

(초/중/고) 남학생
그 학생은 한국에서 왔어.

**032**

die **Schülerin**  die Schülerinnen
Ich bin Schülerin.

**032**

(초/중/고) 여학생
나는 학생이야.

**033**

der **Student**  die Studenten
Ich bin Student.

**033**

대학생(남)
나는 대학생이야.

**034**

die **Studentin**  die Studentinnen
Die Studentin studiert Medizin.
die Medizin

**034**

대학생(여)
그 대학생은 의학을 전공해.
의학

**035** ○ ○ ○
# studieren
Was studierst du?

**484**
## 대학에 다니다, 전공하다
너는 무엇을 전공해?

---

**036** ○ ○ ○
der **Lehrer** die Lehrer
Der Lehrer spricht Deutsch.

**036**
## 교사(남)
그 선생님은 독일어를 한다.

---

**037** ○ ○ ○
die **Lehrerin** die Lehrerinnen
Marie ist Lehrerin.

**037**
## 교사(여)
Marie는 교사야.

---

**038** ○ ○ ○
der **Arzt** die Ärzte
David ist Arzt.

**038**
## 의사(남)
David는 의사야.

---

**039** ○ ○ ○
die **Ärztin** die Ärztinnen
Die Ärztin hat viel zu tun.
viel zu tun haben

**039**
## 의사(여)
그 의사는 바쁘다.
바쁘다

040

der **Krankenpfleger**
die Krankenpfleger
Felix und ich arbeiten als Krankenpfleger.

040

간호사(남)

Felix와 나는 간호사로 일해.

041

die **Krankenpflegerin**
die Krankenpflegerinnen
Ich möchte Krankenpflegerin werden.
werden

041

간호사(여)

나는 간호사가 되고 싶어.
되다

042

der **Ingenieur** die Ingenieure
Ich bin Ingenieur von Beruf.

042

엔지니어(남)

나는 직업이 엔지니어야.

043

die **Ingenieurin**
die Ingenieurinnen
Es gibt nicht viele Ingenieurinnen.
es gibt

043

엔지니어(여)

여성 엔지니어는 많지 않아.
~이 있다

044

der **Künstler** die Künstler
Der Künstler malt ein Bild.

044

예술가(남)

그 예술가는 그림을 그린다.

**045**

die **Künstlerin**   die Künstlerinnen
Ich bin Künstlerin.

**045**

예술가(여)
저는 예술가예요.

**046**

der **Musiker**   die Musiker
Wir sind Musiker.

**046**

음악가(남)
우리는 음악가야.

**047**

die **Musikerin**   die Musikerinnen
Ich mag diese Musikerin gerne.

**047**

음악가(여)
나는 이 음악가를 좋아해.

**048**

der **Sänger**   die Sänger
Tina und Max arbeiten als Sänger.

**048**

가수(남)
Tina와 Max는 가수로 일해.

**049**

die **Sängerin**   die Sängerinnen
Die Sängerin singt sehr gut.

**049**

가수(여)
이 가수는 노래를 아주 잘해.

Beruf 직업

050

der **Schauspieler**　die Schauspieler
Wir sind Schauspieler.

050

배우(남)
우리는 배우야.

051

die **Schauspielerin**
die Schauspielerinnen
Ich möchte Schauspielerin werden.

051

배우(여)

나는 배우가 되고 싶어.

052

**arbeitslos sein**
Ich arbeite zurzeit nicht. Ich bin arbeitslos.
zurzeit

052

실업 상태이다
나는 현재 일하지 않아. 나는 실업 상태야.
현재, 지금

| Sprachen | 언어 |
|---|---|

053

die **Sprache**　die Sprachen
Welche Sprachen sprechen Sie?
sprechen

053

언어
당신은 어느 언어를 하세요?
말하다, (언어를) 쓰다/하다

054

die **Fremdsprache**
die Fremdsprachen
Ich spreche keine Fremdsprachen.
kein-

054

외국어

저는 외국어는 하나도 못 해요.
(명사 부정)

16　Kennenlernen

055 ● ● ●

## die **Muttersprache**
die Muttersprachen
Was ist deine Muttersprache?

055

## 모국어

네 모국어는 뭐야?

---

056 ● ● ●

## **Deutsch**
Ich spreche ein bisschen Deutsch.
ein bisschen

056

## 독일어
나는 독일어를 조금 해.
조금

---

057 ● ● ●

## **Koreanisch**
Ich spreche nicht so gut Koreanisch.
nicht so gut

057

## 한국어
나는 한국어를 그렇게 잘하지 않아.
그렇게 잘(하지)/좋지 않은

---

058 ● ● ●

## **Englisch**
Katja spricht sehr gut Englisch.
sehr gut

058

## 영어
Katja는 영어를 아주 잘해.
아주 잘, 아주 좋은

---

059 ● ● ●

## **Japanisch**
Marie spricht fließend Japanisch.
fließend

059

## 일본어
Marie는 일본어를 유창하게 해.
유창한

060 ● ● ●

## Chinesisch
Ich spreche Deutsch, Englisch und ein bisschen Chinesisch.

und

060

## 중국어
나는 독일어, 영어를 하고 중국어를 조금 해.

그리고

061 ● ● ●

## Spanisch
Ich spreche nicht so gut Deutsch. Aber ich spreche gut Spanisch.

aber

061

## 스페인어
나는 독일어를 그렇게 잘하지 않아. 하지만 나는 스페인어를 잘해.

하지만

062 ● ● ●

## Französisch
Sprechen Sie Französisch?

062

## 프랑스어
당신은 프랑스어를 하세요?

063 ● ● ●

## Italienisch
Wir sprechen kein Italienisch.

063

## 이탈리아어
우리는 이탈리아어는 못 해.

| Zahlen / Alter | 숫자 / 나이 |
| --- | --- |

064 ● ● ●

## alt
Wie alt bist du?

064

## 오래된, 나이 든
너는 몇 살이니?

**065** ● ● ●
# eins
Viktor ist jetzt ein Jahr alt.

**065**
# 하나, 일 (명사 앞에서는 형태 변화)
Vikor는 지금 한 살이야.

**066** ● ● ●
# zwei
Lena und Paul sind zwei Jahre alt.

**066**
# 둘, 이
Lena랑 Paul은 두 살이야.

**067** ● ● ●
# drei
Laura ist drei.

**067**
# 셋, 삼
Laura는 세 살이야.

**068** ● ● ●
# vier
Karina spricht vier Fremdsprachen.

**068**
# 넷, 사
Karina는 외국어를 네 개 해.

**069** ● ● ●
# fünf
Ich kenne fünf Ärzte.
kennen

**069**
# 다섯, 오
나는 의사를 다섯 명 알아.
(겪어서) 알다

Zahlen / Alter   숫자 / 나이

070

**sechs**
Bist du sechs?

070

**여섯, 육**
너는 여섯 살이야?

071

**sieben**
Ich bin nicht sieben Jahre alt. Ich bin acht.

071

**일곱, 칠**
나는 일곱 살이 아니야. 나는 여덟 살이야.

072

**acht**
Wir sind acht Jahre alt.

072

**여덟, 팔**
우리는 여덟 살이야.

073

**neun**
Ist Natascha jetzt neun?

073

**아홉, 구**
Natascha가 지금 아홉 살이야?

074

**zehn**
Fritz ist zehn und Lisa ist dreizehn Jahre alt.

074

**열, 십**
Fritz는 열 살이고 Lisa는 열세 살이야.

**075** ● ● ●
## elf
Ich bin elf. Und du?

**075**
## 열하나, 십일
나는 열하나야. 그럼 너는?

**076** ● ● ●
## zwölf
Leon ist zwölf.

**076**
## 열둘, 십이
Leon은 열둘이야.

**077** ● ● ●
## sechzehn
Ich bin sechzehn.

**077**
## 열여섯, 십육
나는 열여섯이야.

**078** ● ● ●
## siebzehn
Er heißt Karl und ist siebzehn Jahre alt.

**078**
## 열일곱, 십칠
걔는 Karl이고 열일곱 살이야.

**079** ● ● ●
## zwanzig
Ich bin vierundzwanzig Jahre alt.

**079**
## 스물, 이십
저는 스물네 살입니다.

080

## dreißig
Ich bin dreiunddreißig. Und du?

080

## 서른, 삼십
나는 서른셋이야. 그럼 너는?

081

## sechzig
Peter ist siebenundsechzig Jahre alt.

081

## 예순, 육십
Peter는 예순일곱 살이다.

082

## siebzig
Ich bin zweiundsiebzig.

082

## 일흔, 칠십
나는 일흔둘이야.

083

## hundert
Das Restaurant ist hundert Jahre alt.
das Restaurant

083

## 백
그 레스토랑은 백 년이 되었다.
레스토랑

084

## tausend
Die Stadt ist tausend Jahre alt.
die Stadt

084

## 천
그 도시는 천 년이 되었다.
도시

085 ● ● ●
### die **Telefonnummer**
die Telefonnummern
Wie ist Ihre Telefonnummer?

085
### 전화번호

당신의 전화번호가 어떻게 되나요?

# 연습문제

**Kennenlernen 서로 알아가기**

**1** 음성 a-f를 듣고 각 인물이 몇 살인지 고르세요.

ⓐ Luisa ist
① 2 Jahre alt.
② 3 Jahre alt.
③ 9 Jahre alt.

ⓑ Florian ist
① 4 Jahre alt.
② 5 Jahre alt.
③ 10 Jahre alt.

ⓒ Anton ist
① 6 Jahre alt.
② 7 Jahre alt.
③ 8 Jahre alt.

ⓓ Ich bin
① 11 Jahre alt.
② 12 Jahre alt.
③ 16 Jahre alt.

ⓔ Yvonne und Miriam sind
① 25 Jahre alt.
② 35 Jahre alt.
③ 53 Jahre alt.

ⓕ Du bist
① 37 Jahre alt.
② 42 Jahre alt.
③ 54 Jahre alt.

**2** 음성을 듣고 전화번호를 받아 적으세요.

A: Wie ist Ihre Telefonnummer?
B: _____

**3** 음성 1-6을 듣고 이에 맞는 한국어 번역을 찾아 연결하세요.

①            ⓐ 그는 독일어를 하나도 못 해.
②            ⓑ 우리는 독일어를 아주 잘해.
③            ⓒ 나는 한국어를 그렇게 잘하지 않아.
④            ⓓ 나는 독일어를 잘해.
⑤            ⓔ 너는 한국어를 조금 해.
⑥            ⓕ 그녀는 한국어를 유창하게 해.

**4** 다음 문장의 빈칸을 적절한 단어로 채우세요. 단어의 첫 글자를 참고하세요.

ⓐ Ich h_____ Marie.
ⓑ Ich k_____ aus Frankreich.
ⓒ Ich w_____ in Paris.
ⓓ Ich bin in Marseille g_____.
ⓔ Ich a_____ als Lehrerin.

**5** 음성을 듣고 해당되는 내용을 한국어로 작성하세요.

ⓐ 이름: _____
ⓑ 성: _____
ⓒ 출생지: _____
ⓓ 거주지: _____
ⓔ 직업: _____
ⓕ 나이: _____

# Familie & Freizeit
# 가족 & 자유 시간

| Familie / Freunde | 가족 / 친구 |
|---|---|
| **086**  ● ● ●<br>die **Familie**   die Familien<br>Annes Familie ist sehr groß.<br>sehr • groß | **086**<br>가족<br>Anne의 가족은 (키가) 아주 크다.<br>아주 • 큰 |
| **087**  ● ● ●<br>die **Geschwister**<br>Hast du Geschwister? | **087**<br>형제자매<br>너 형제자매가 있니? |
| **088**  ● ● ●<br>**haben**<br>Nein, ich habe keine Geschwister. | **088**<br>가지다<br>아니, 나는 형제자매가 없어. |
| **089**  ● ● ●<br>die **Schwester**   die Schwestern<br>Ich habe eine Schwester. | **089**<br>자매, 여자 형제<br>나는 여자 형제가 하나 있어. |

### 090 ● ● ●
### der **Bruder**  die Brüder
Ich habe zwei Brüder.

### 090
### 형제, 남자 형제
나는 남자 형제가 둘 있어.

---

### 091 ● ● ●
### die **Eltern**
Meine Eltern kommen aus der Türkei.

### 091
### 부모 (복수 명사)
나의 부모님은 터키에서 왔어.

---

### 092 ● ● ●
### die **Mutter**  die Mütter
Wie heißt deine Mutter?

### 092
### 어머니
너의 어머니는 성함이 어떻게 되니?

---

### 093 ● ● ●
### die **Mama**  die Mamas
Meine Mama heißt Angelika.

### 093
### 엄마
내 엄마는 Angelika라고 불려.

---

### 094 ● ● ●
### der **Vater**  die Väter
Was macht dein Vater beruflich?

### 094
### 아버지
네 아버지는 직업으로 무엇을 하시니?

095 ● ● ●

**der Papa**  die Papas

Mein Papa ist Künstler.

095

아빠

내 아빠는 예술가야.

---

096 ● ● ●

**die Großeltern**

Wo leben deine Großeltern?

leben

096

조부모 (복수 명사)

네 조부모는 어디에 사시니?

살다

---

097 ● ● ●

**die Großmutter**  die Großmütter

Karls Großmutter spricht fließend Französisch.

097

조모

Karl의 조모는 프랑스어를 유창하게 하신다.

---

098 ● ● ●

**die Oma**  die Omas

Meine Oma lebt in Stuttgart.

098

할머니

내 할머니는 슈투트가르트에 산다.

---

099 ● ● ●

**der Großvater**  die Großväter

Mein Großvater ist fünfundsiebzig Jahre alt.

099

조부

내 조부는 일흔다섯 세셔.

100

**der Opa** die Opas
Morgen fahre ich zu Opa.

100

**할아버지**
내일 나는 할아버지 댁에 가.

---

101

**das Kind** die Kinder
Ich habe drei Kinder.

101

**아이, 자녀**
나는 아이가 셋 있어.

---

102

**die Tochter** die Töchter
Meine Tochter heißt Vera.

102

**딸**
내 딸은 Vera라고 불려.

---

103

**der Sohn** die Söhne
Ich habe zwei Söhne.

103

**아들**
나는 아들이 둘 있어.

---

104

**die Frau** die Frauen
Ich bin verheiratet. Meine Frau heißt Sarah und ist Ärztin.
verheiratet sein

104

**여자, 부인**
나는 기혼이야. 내 아내는 Sarah고 의사야.

기혼이다

**105** 🟢🟢🟢

**der Mann**  die Männer
Ich bin keine Frau. Ich bin ein Mann.

**105**

**남자, 남편**
나는 여자가 아니야. 나는 남자야.

---

**106** 🟢🟢🟢

**das Mädchen**  die Mädchen
Wer ist das Mädchen?

**106**

**여자 아이**
저 여자 아이는 누구니?

---

**107** 🟢🟢🟢

**der Junge**  die Jungen
Der Junge heißt Lars.

**107**

**남자 아이**
저 남자 아이는 Lars라고 해.

---

**108** 🟢🟢🟢

**der Freund**  die Freunde
Wie viele Freunde hast du?
wie viele

**109**

**친구 (남), 남자 친구**
너는 친구가 얼마나 많이 있니?
얼마나 많은

---

**109** 🟢🟢🟢

**die Freundin**  die Freundinnen
Marie ist meine Freundin.

**109**

**친구 (여), 여자 친구**
Marie는 내 여자 친구야.

Familie & Freizeit

| Haustiere | 반려동물 |
|---|---|

110 ● ● ●

das **Haustier**  die Haustiere
Ich habe kein Haustier.

110

반려동물
나는 반려동물이 없어.

111 ● ● ●

der **Hund**  die Hunde
Wir haben einen Hund.

111

개
우리는 개가 한 마리 있어.

112 ● ● ●

die **Katze**  die Katzen
Meine Eltern haben eine Katze.

112

고양이
내 부모님은 고양이가 한 마리 있어.

113 ● ● ●

das **Kaninchen**  die Kaninchen
Das Kaninchen ist sehr süß.
süß

113

집토끼
그 집토끼는 아주 귀여워.
귀여운

114 ● ● ●

der **Vogel**  die Vögel
Mein Großvater hat zwei Vögel als Haustiere.

114

새
내 조부는 반려 동물로 새 두 마리가 있어.

115 ● ● ●
### das **Meerschweinchen**
die Meerschweinchen
Maries Bruder hat ein Meerschweinchen.

115
### 기니피그
Marie의 남자 형제는 기니피그가 한 마리 있어.

| Hobby | 취미 |
| --- | --- |

116 ● ● ●
### **gern(e)**
Arbeitest du gerne als Lehrer?

116
### 기꺼이, 즐겨
너는 교사로 일하는 게 좋니?

117 ● ● ●
### die **Freizeit**
Was machen Sie gern in Ihrer Freizeit?

117
### 자유 시간
당신은 당신의 자유 시간에 무엇을 즐겨 하시나요?

118 ● ● ●
### das **Hobby**  die Hobbys
Was sind deine Hobbys?

118
### 취미
네 취미는 뭐야?

119 ● ● ●
### **Sport machen**
Ich mache gerne Sport.

119
### 운동을 하다
나는 운동을 즐겨 해.

120

## Musik hören
Hörst du gerne Musik?

120

## 음악을 듣다
너는 음악을 즐겨 듣니?

121

## Freunde treffen
Ich treffe gerne meine Freunde.

121

## 친구를 만나다
나는 내 친구를 만나는 걸 즐겨 해.

122

## Filme sehen
Meine Freundin sieht nicht so gerne Filme.

122

## 영화를 보다
내 여자 친구는 영화를 그다지 즐겨 보지 않아.

123

## Serien sehen
Wir sehen gerne Serien.

123

## 드라마를 보다
우리는 드라마를 즐겨 봐.

124

## fernsehen
Meine Tochter und mein Sohn sehen gerne fern.

124

## TV를 보다
내 딸과 아들은 TV를 즐겨 봐.

125

## kochen
Ich koche gerne. Kochst du auch gerne?
auch

125

## 요리하다
나는 요리를 즐겨 해. 너도 요리를 즐겨 하니?
~도, 또한

126

## tanzen
Tanzt ihr gerne?

126

## 춤추다
너희는 춤추기를 즐겨 하니?

127

## singen
Florian tanzt und singt gerne.

127

## 노래하다
Florian은 춤추고 노래하기를 즐겨 해.

128

## Computerspiele spielen
Ich spiele gerne Computerspiele.

128

## 컴퓨터 게임을 하다
나는 컴퓨터 게임을 즐겨 해.

129

## lesen
Meine Mutter liest sehr gerne.

129

## (책을) 읽다
내 어머니는 독서를 아주 즐겨 해.

130 ● ● ●

**Deutsch lernen**

Ich lerne Deutsch.

---

130

**독일어를 공부하다**

나는 독일어를 공부해.

---

131 ● ● ●

**Fußball spielen**

Annas Großvater spielt gerne Fußball.

---

131

**축구를 하다**

Anna의 조부는 축구를 즐겨 하신다.

---

132 ● ● ●

**Basketball spielen**

Mein Sohn und ich spielen gerne zusammen Basketball.

zusammen

---

132

**농구를 하다**

내 아들과 나는 함께 농구를 즐겨 해.

함께, 같이

---

133 ● ● ●

**Taekwondo machen**

Mein Vater macht Taekwondo.

---

133

**태권도를 하다**

내 아버지는 태권도를 하셔.

---

134 ● ● ●

**Klavier spielen**

Mein Bruder spielt gerne Klavier.

---

134

**피아노를 치다**

내 남자 형제는 피아노를 즐겨 쳐.

135

**Gitarre spielen**
Ich spiele in meiner Freizeit gerne Gitarre.

135

**기타를 치다**
나는 내 자유 시간에 기타를 즐겨 쳐.

136

**schwimmen**
Meine Frau und ich schwimmen gerne.

136

**수영하다**
내 아내와 나는 수영을 즐겨 해.

137

**joggen**
Mein Freund joggt gerne.

137

**조깅하다**
내 남자 친구는 조깅을 즐겨 해.

138

**spazieren gehen**
Meine Großeltern gehen gerne spazieren.

138

**산책하러 가다**
내 조부모는 산책을 즐겨 가.

139

**wandern**
Meine Eltern wandern gerne.

139

**하이킹하다**
나의 부모님은 하이킹을 즐겨 해.

140

**shoppen gehen**
Ich gehe nicht so gerne shoppen.

140

**쇼핑하러 가다**
나는 쇼핑하러 가기를 그다지 즐기지 않아.

141

**feiern gehen**
Ich gehe gerne feiern.

141

**놀러 가다, 클럽에 가다**
나는 클럽에 즐겨 가.

142

**Alkohol trinken**
Ich trinke gar keinen Alkohol.

142

**술을 마시다**
나는 술을 전혀 마시지 않아.

143

**schlafen**
Mein Freund schläft gerne in seiner Freizeit.

143

**자다**
내 남자 친구는 자유 시간에 자는 걸 즐겨.

144

**Fotos machen**
Ich gehe gerne spazieren und ich mache gerne Fotos.

144

**사진을 찍다**
나는 산책하러 가고 사진 찍는 걸 즐겨.

145 ● ● ●
## fotografieren
Philipp fotografiert gerne.

145
## (사진을) 촬영하다
Philipp은 사진 촬영을 즐겨 한다.

146 ● ● ●
## malen
Meine Tochter malt gerne.

146
## 그리다, 칠하다
내 딸은 그리기를 즐겨 해.

**Memo**

# 연습문제

**Familie & Freizeit 가족 & 자유 시간**

**1** 음성 1-6을 듣고 이에 맞는 한국어 a-f 옆에 해당하는 숫자를 적으세요.

①                      ⓐ 내 부모님은 베를린에 사셔.
②                      ⓑ 내 딸은 남편이 있어.
③                      ⓒ 내 여자 형제는 29살이야.
④                      ⓓ 내 할머니는 고양이가 한 마리 있어.
⑤                      ⓔ 내 남자 형제는 26살이야.
⑥                      ⓕ 내 아들은 본에 살아.

**2** 음성을 듣고 빈칸에 알맞은 숫자를 넣으세요.

ⓐ Er hat _____ Geschwister.
ⓑ Er hat _____ Kind(er).
ⓒ Er hat _____ Haustier(e).

**3** 음성을 듣고 화자가 즐겨 하는 행동을 모두 고르세요.

ⓐ 운동하기
ⓑ 노래하기
ⓒ TV 보기
ⓓ 음악 듣기
ⓔ 산책 가기
ⓕ 춤추기

**4** 다음 문장의 빈칸을 적절한 단어로 채우세요. 단어의 첫 글자를 참고하세요.

ⓐ Ich m_____ gerne Fotos.
ⓑ Er s_____ gerne Fußball.
ⓒ Du g_____ gerne spazieren.
ⓓ Wir s_____ gerne Filme.
ⓔ Ihr l_____ gerne Deutsch.
ⓕ Ich l_____ gerne Bücher.
ⓖ Du h_____ gerne Musik.

# Zeit
# 시간

| Uhrzeit | 시각 |
|---|---|
| 147 ●●● <br> die **Uhr**  die Uhren <br> Wie viel Uhr ist es? | 147 <br> **시, 시계** <br> 몇 시예요? |
| 148 ●●● <br> **spät** <br> Oh, es ist schon spät! | 148 <br> **늦은** <br> 오, 벌써 늦었네요! |
| 149 ●●● <br> **früh** <br> Es ist noch früh. <br> noch | 149 <br> **이른** <br> 아직 이르네. <br> 아직 |
| 150 ●●● <br> **halb** <br> Es ist erst halb vier. | 150 <br> **절반인** <br> 이제 세 시 반이야. |

151

## vor
전에

Es ist jetzt zehn vor elf.

지금은 열한 시 십 분 전이야.

---

152

## nach
후에

Wir haben zwanzig nach eins.

한 시 이십 분이야.

---

153

## das **Viertel** die Viertel
1/4, 15분

Es ist Viertel nach sechs.

여섯 시 십오 분입니다.

---

154

## erst
이제서야, 비로소

Es ist erst kurz nach zehn. Wir haben noch viel Zeit.

이제 열 시 좀 지났어. 우리는 아직 시간이 많아.

---

155

## schon
이미, 벌써

Es ist schon kurz vor zwölf. Ich habe keine Zeit mehr.

mehr

벌써 12시 직전이야. 우리 더는 시간이 없어.

더

Uhrzeit 시각

156 ● ● ●

**um** + Uhrzeit

Ich lerne um 15 Uhr Deutsch.

156

(몇 시 몇 분)에

나는 오후 3시에 독일어를 배워.

| Woche | 주 |
| --- | --- |

157 ● ● ●

die **Woche**   die Wochen

Was machst du diese Woche?

157

주

너 이번 주에 뭐 해?

158 ● ● ●

der **Tag**   die Tage

Wie läuft dein Tag?
laufen

158

날

네 하루는 어때?
흐르다, 지나다

159 ● ● ●

**am** + Tag

Was machst du am Montag?

159

(요일/날)에

너는 월요일에 뭐 하니?

160 ● ● ●

der **Montag**   die Montage

Ich treffe am Montag meine Mutter.

160

월요일

나는 월요일에 내 어머니를 만나.

161 ● ● ●

**der Dienstag**  die Dienstage

Am Dienstag lerne ich Englisch.

161

화요일

화요일에 나는 영어를 배워.

162 ● ● ●

**der Mittwoch**  die Mittwoche

Am Mittwoch koche ich Bulgogi.

162

수요일

수요일에 나는 불고기를 요리해.

163 ● ● ●

**der Donnerstag**  die Donnerstage

Am Donnerstag spielen wir Fußball.

163

목요일

목요일에 우리는 축구를 해.

164 ● ● ●

**der Freitag**  die Freitage

Am Freitag gehen meine Freunde und ich feiern.

164

금요일

금요일에 내 친구들과 나는 클럽에 가.

165 ● ● ●

**der Samstag**  die Samstage

Was macht ihr am Samstag?

165

토요일

너희는 토요일에 뭐 하니?

166

**der Sonntag** die Sonntage
Am Sonntag sehen mein Freund und ich Serien.

166

일요일
일요일에 내 남자 친구와 나는 드라마를 봐.

167

**das Wochenende**
die Wochenenden
Am Wochenende mache ich nichts.
nichts

167

주말
주말에 나는 아무것도 안 해.
무, 아무것도 아님

168

**heute**
Wir gehen heute spazieren.

168

오늘
우리는 오늘 산책하러 가.

169

**morgen**
Meine Schwester spielt morgen Klavier.

169

내일
내 여자 형제는 내일 피아노를 쳐.

170

**übermorgen**
Übermorgen gehe ich shoppen.

170

모레
모레 나는 쇼핑하러 가.

171 ● ● ●

## montags
Montags arbeitet mein Mann bis 18 Uhr.
bis

171

## 월요일마다, 월요일에
월요일에 나의 남편은 오후 6시까지 일해.
~까지

172 ● ● ●

## dienstags
Meine Freundin Lisa spielt dienstags immer Tennis.
immer

172

## 화요일마다, 화요일에
내 여자 친구인 Lisa는 화요일에 항상 테니스를 쳐.
항상

173 ● ● ●

## mittwochs
Mittwochs lerne ich von 9 Uhr bis 11 Uhr Koreanisch.

173

## 수요일마다, 수요일에
수요일에 나는 9시부터 11시까지 한국어를 배워.

174 ● ● ●

## donnerstags
Wir haben donnerstags immer frei.

174

## 목요일마다, 목요일에
우리는 목요일에 항상 일이 없어(쉬어).

175 ● ● ●

## freitags
Freitags gehe ich meistens mit meinen Freunden feiern.
meistens

175

## 금요일마다, 금요일에
금요일에 나는 대체로 내 친구들과 클럽에 가.
대체로

### 176
**samstags**
Valerie macht samstags gerne Sport.

### 176
토요일마다, 토요일에
Valerie는 토요일에 운동을 즐겨 해.

### 177
**sonntags**
Meine Eltern bleiben sonntags immer zu Hause.
bleiben • zu Hause

### 177
일요일마다, 일요일에
내 부모님은 일요일에 항상 집에 계셔.
머무르다 • 집에서

### 178
**Zeit haben**
Hast du am Dienstag Zeit?

### 178
시간이 있다
너 화요일에 시간 있어?

### 179
**keine Zeit haben**
Am Dienstag habe ich leider keine Zeit.
leider

### 179
시간이 없다
화요일에 나는 유감스럽게도 시간이 없어.
유감스럽게도

### 180
der **Termin**  die Termine
Am Donnerstag habe ich einen Termin.

### 180
일정, 일정 약속
목요일에 나는 일정이 하나 있다.

181

**verabredet sein**
Am Samstag bin ich schon verabredet.

181

**약속이 있다**
토요일에 나는 이미 약속이 있다.

182

**etwas vorhaben**
Hast du am Freitag schon etwas vor?

182

**뭔가를 계획/예정하다**
너 금요일에 벌써 뭔가 할 계획을 가지고 있니?

183

**nichts vorhaben**
Nein, am Freitag habe ich noch nichts vor.

183

**아무것도 계획/예정하지 않다**
아니, 금요일에 나 아직 아무 계획 없어.

184

**frei haben**
Ich habe heute um 19 Uhr frei.

184

**할 일이 없다, 퇴근하다**
나는 오늘 저녁 7시에 퇴근해.

| Tageszeit | 하루 |
| --- | --- |

185

**morgens**
Ich mache morgens immer Yoga.
 Yoga machen

185

**아침마다, 아침에**
나는 아침에 항상 요가를 해.
요가를 하다

### 186
**vormittags**
Vormittags übe ich normalerweise Klavier.
üben • normalerweise

### 186
**오전마다, 오전에**
오전에 나는 보통 피아노를 연습해.
연습하다 • 보통

### 187
**mittags**
Meine Oma schläft mittags gerne ein bisschen.

### 187
**점심마다, 점심에**
내 할머니는 점심에 좀 주무시길 좋아해.

### 188
**nachmittags**
Nachmittags arbeite ich normalerweise.

### 188
**오후마다, 오후에**
오후에 나는 보통 일해.

### 189
**abends**
Abends koche ich etwas.
etwas

### 189
**저녁마다, 저녁에**
저녁에 나는 뭔가 요리해.
어떤 것, 무언가

### 190
**nachts**
Mein Vater geht gerne nachts spazieren.

### 190
**밤마다, 밤에**
내 아버지는 밤에 산책 가시는 걸 좋아해.

191

**am Morgen**
Was machst du am Morgen?

191

**아침에**
너는 아침에 뭐 해?

192

**am Vormittag**
Am Vormittag arbeite ich.

192

**오전에**
오전에 나 일해.

193

**am Mittag**
Am Mittag bin ich mit meiner Freundin verabredet.
mit

193

**낮에**
낮에 나는 내 여자 친구랑 약속한 상태야.

~와 함께

194

**am Nachmittag**
Am Vormittag habe ich einen Termin. Aber am Nachmittag habe ich Zeit.

194

**오후에**
오전에 나는 일정이 하나 있어. 하지만 오후에는 시간 있어.

195

**am Abend**
Am Abend kocht mein Mann für mich.
für

195

**저녁에**
저녁에 내 남편이 나를 위해 요리해.
~을 위해

### 196
**in der Nacht**
In der Nacht schlafen wir.

### 196
밤에
밤에 우리는 자.

### 197
Tag + **morgen/-vormittag** etc.
Am Dienstagnachmittag habe ich leider keine Zeit. Ich habe am Mittwochnachmittag Zeit.

### 197
날/요일 + 아침/오전/... 에
화요일 오후에 나는 유감스럽게도 시간이 없어. 수요일 오후에는 시간 있어.

### 198
**heute/morgen/übermorgen + Morgen/Vormittag** etc.
Heute Abend lerne ich Spanisch und morgen Abend gehe ich feiern.

### 198
오늘/내일/모레 + 아침/오전/... 에
오늘 저녁에 나는 스페인어를 배우고 내일 저녁에는 클럽에 가.

### 199
**morgen früh**
Morgen früh stehen wir früh auf.

### 199
내일 아침
내일 아침 우리는 일찍 일어나.

| zeitliche Zusammenhänge | 시간 관계 |
| --- | --- |

### 200
**ab** + Zeitpunkt
Ab morgen habe ich Urlaub.
Urlaub haben

### 200
(시점)부터
내일부터 나는 휴가야.
휴가이다

### 201
**von** + Zeitpunkt **bis** + Zeitpunkt
Von wann bis wann arbeiten Sie heute?

### 201
(시점)**부터** (시점)**까지**
당신은 오늘 언제부터 언제까지 일하세요?

### 202
**bis** + Zeitpunkt
Ich habe bis Montag Urlaub.

### 202
(시점)**까지**
나는 월요일까지 휴가야.

### 203
Zeitraum + **lang**
Tom macht jeden Abend eine Stunde lang Sport.
jed-

### 203
(기간) **동안**
Tom은 매일 저녁 한 시간 동안 운동해.

매(일·번 등)

### 204
**in** + Zeitraum
Wir kochen in 20 Minuten.

### 204
(기간) **있다가**, (기간) **뒤에**
우리는 20분 있다가 요리할 거야.

### 205
**seit** + Zeitraum/Zeitpunkt
Mein Bruder lebt seit vier Jahren in Bremen.

### 205
(기간)**째**, (시점)**부터 지금까지**
내 남자 형제는 4년째 브레멘에 살고 있어.

206 ● ● ●
### die **Minute**  die Minuten
Meine Mutter hört jeden Tag 30 Minuten lang Musik.

206
### 분
내 어머니는 매일 30분 동안 음악을 들으셔.

207 ● ● ●
### die **Stunde**  die Stunden
Du siehst jetzt schon seit zwei Stunden fern!

207
### 시간
너 지금 벌써 두 시간째 TV 보잖아!

208 ● ● ●
### das **Jahr**  die Jahre
In einem Jahr studiere ich in Deutschland.

208
### 년/해
1년 후에 나는 독일에서 대학에 다닐 거야.

209 ● ● ●
### diese Woche
Diese Woche habe ich leider viel zu tun.
leider • viel zu tun haben

209
### 이번 주에
이번 주에 나는 유감스럽게도 할 일이 많아.
유감스럽게도 • 할 일이 많다

210 ● ● ●
### diese Woche + Wochentag
Florian hat diese Woche Dienstag Gitarrenunterricht.
der Unterricht

210
### 이번 주 ~요일에
Florian은 이번 주 화요일에 기타 수업이 있다.
수업

211

## dieses Jahr
Dieses Jahr lerne ich Deutsch.

211

## 올해
올해 나는 독일어를 배운다.

212

## nächste Woche
Was macht ihr nächste Woche?

212

## 다음 주에
너희는 다음 주에 무엇을 하니?

213

## nächste Woche + Wochentag
Ich habe nächste Woche Mittwoch Zeit.

213

## 다음 주 ~요일에
나는 다음 주 수요일에 시간 있어.

214

## nächstes Jahr
Nächstes Jahr studiere ich in Deutschland.

214

## 내년
내년에 나는 독일에서 대학에 다닐 거야.

215

## dann
Bis dann!

215

## 그때, 그러고 나서
그때 봐!

216 ● ● ●
## gleich
Bis gleich!

216
## 바로
곧 봐!

217 ● ● ●
## später
Bis später!

217
## 이따가, 나중에
이따가 봐!

218 ● ● ●
## bald
Tschüss! Bis bald!

218
## 곧
안녕! 곧 봐!

| Tagesablauf | 일과 |
| --- | --- |

219 ● ● ●
## ausschlafen
Am Wochenende schlafe ich gerne aus.

219
## 충분히 푹 자다
주말에 나는 푹 자는 걸 좋아해.

220 ● ● ●
## aufstehen
An Wochentagen stehe ich immer um 7 Uhr auf.
der Wochentag

220
## 일어나다
주중에 나는 항상 7시에 일어나.

주중

**221**

**aufwachen**

Ich wache meistens schon um halb sieben auf.

221

**깨다**

나는 대체로 6시 반이면 이미 잠에서 깨.

**222**

**duschen**

Danach dusche ich.

222

**샤워하다**

그 후에 나는 샤워해.

**223**

die **Zeitung**   die Zeitungen

Und dann lese ich die Zeitung.

223

**신문**

그리고 나서 나는 신문을 읽어.

**224**

**einkaufen**

Nachmittags gehe ich meistens einkaufen.

224

**장 보다**

오후에 나는 대체로 장 보러 가.

**225**

**schlafen gehen**

Ich gehe normalerweise um 22 Uhr schlafen.

225

**자러 가다**

나는 보통 밤 10시에 자러 가.

226 ●●●

**einschlafen**
Aber manchmal schlafe ich erst um 23 ein.
manchmal

226

**잠들다**
하지만 때때로 나는 밤 11시가 되어서야 잠들어.
때때로

# Memo

# 연습문제

## Zeit 시간

**1** 음성 a-f를 잘 듣고, 각 독일어에 맞는 요일을 한국어로 쓰세요.

ⓐ _____

ⓑ _____

ⓒ _____

ⓓ _____

ⓔ _____

ⓕ _____

ⓖ _____

**2** 음성 a-f를 듣고 각 단어를 독일어로 적으세요.

ⓐ _____

ⓑ _____

ⓒ _____

ⓓ _____

ⓔ _____

ⓕ _____

ⓖ _____

**3** 음성에 나오는 시각을 고르세요.

ⓐ
① 11:15 Uhr
② 11:30 Uhr
③ 10:30 Uhr

ⓑ
① 8:15 Uhr
② 8:30 Uhr
③ 7:45 Uhr

ⓒ
① 9:30 Uhr
② 9:45 Uhr
③ 10:15 Uhr

**4** 음성을 듣고 다음 질문에 한국어로 대답하세요.

ⓐ 화자는 몇 시에 일어납니까?
ⓑ 화자는 아침 7시 반에 무엇을 합니까?
ⓒ 그 후에 화자는 무엇을 합니까?
ⓓ 화자는 언제부터 언제까지 일합니까?
ⓔ 화자는 언제부터 독일어를 배웁니까?
ⓕ 화자는 저녁에 무엇을 합니까?
ⓖ 화자는 언제 잠자리에 듭니까?

# Essen
## 음식

| Mahlzeiten | 식사 시간 |
|---|---|
| 227 ●●● **essen** <br> Was isst du gerne? | 227 **먹다** <br> 너는 무엇을 즐겨 먹니? |
| 228 ●●● **trinken** <br> Ich trinke gerne Kaffee. | 228 **마시다** <br> 나는 커피를 즐겨 마셔. |
| 229 ●●● **normalerweise** <br> Mein Vater isst morgens normalerweise nichts. | 229 **보통** <br> 내 아버지는 아침에 보통 아무것도 안 드셔. |
| 230 ●●● **meistens** <br> Morgens trinke ich meistens eine Tasse Tee. <br> die Tasse | 230 **대체로** <br> 아침에 나는 대체로 차를 한 잔 마셔. <br> 찻잔 |

231

**das Essen**
Das Essen ist lecker.

231

**음식**
이 음식은 맛있다.

232

**das Getränk**  die Getränke
Die Getränke sind kühl.

232

**음료**
이 음료들은 시원해.

233

**frühstücken**
Ich frühstücke heute um neun Uhr.

233

**아침을 먹다**
나는 오늘 9시에 아침을 먹는다.

234

**das Frühstück**  die Frühstücke
Wann ist morgen das Frühstück?

234

**아침 (식사)**
내일 아침 식사는 언제야?

235

**zum Frühstück essen**
Was isst du normalerweise zum Frühstück?

235

**아침으로 먹다**
너는 보통 아침으로 무엇을 먹어?

236

## das **Mittagessen**  die Mittagessen
Treffen wir uns heute zum Mittagessen?

236

## 점심 (식사)
우리 오늘 점심 식사하러 만날래?

237

## zu **Mittag essen**
Was essen wir heute zu Mittag?

237

## 점심으로 먹다
우리 오늘 점심으로 뭐 먹어?

238

## das **Abendessen**  die Abendessen
Kocht deine Mutter normalerweise das Abendessen?

238

## 저녁 (식사)
보통 네 어머니가 저녁을 요리하시니?

239

## zu **Abend essen**
Er isst meistens mit seiner Familie zusammen zu Abend.

zusammen

239

## 저녁으로 먹다
걔는 대체로 자신의 가족과 함께 저녁을 먹어.

같이, 함께

240

## **mögen**
Magst du Kimchi?

240

## 좋아하다
너 김치 좋아해?

241

## lecker sein
Die Pizza ist sehr lecker.

241

## 맛있다
이 피자는 매우 맛있어.

242

## schmecken
Es schmeckt sehr gut.

242

## 맛이 나다
이거 맛이 아주 좋아.

243

## lieben
Ich liebe Nudeln. Nudeln sind mein Lieblingsessen.
  Lieblings-

243

## 좋아하다, 사랑하다
나는 면을 사랑해. 면은 내가 가장 좋아하는 음식이야.
  가장 좋아하는

244

## hassen
Ich hasse Kaffee.

244

## 싫어하다
나는 커피를 싫어해.

| Gerichte & Zutaten | 요리 & 식재료 |

245

## das **Brot**  die Brote
Meine Eltern essen gerne Brot zum Frühstück.

245

## (썰어 먹는) 큰 빵
내 부모님은 아침 식사로 빵을 즐겨 드셔.

246

**das Brötchen**  die Brötchen
Leon isst mittags immer ein Brötchen mit Käse.
mit • der Käse

246

(입으로 베어 먹는) 작은 빵
Leon은 점심마다 항상 치즈를 곁들인 빵을 먹어.
~와 함께 • 치즈

247

**die Butter**
Simon und Karla essen gerne Brot mit Butter.

247

버터
Simon과 Karla는 버터 바른 빵을 즐겨 먹어.

248

**das Öl**
Ich koche gerne mit Olivenöl.

248

기름
나는 올리브 오일로 요리를 즐겨 해.

249

**der Essig**
Ich esse gerne Salat mit Essig und Öl.

249

식초
나는 식초와 기름을 곁들인 샐러드를 즐겨 먹어.

250

**das Salz**
In dem Essen ist zu viel Salz.

250

소금
이 음식에는 소금이 너무 많아.

251 ● ● ●

### der **Pfeffer**

Carbonara schmeckt besonders gut mit viel Pfeffer.

251

### 후추

까르보나라는 후추를 많이 넣어야 특히 맛이 좋아.

---

252 ● ● ●

### der **Zucker**

Ich trinke gerne Kaffee ohne Zucker.

252

### 설탕

나는 설탕 없는 커피를 즐겨 마셔.

---

253 ● ● ●

### der **Reis**

Meine Mutter isst zu jeder Mahlzeit Reis.

253

### 쌀, 밥

내 어머니는 식사마다 쌀밥을 드셔.

---

254 ● ● ●

### die **Nudel**   die Nudeln

Wir essen heute Nudeln mit Tomatensoße zu Abend.

die Soße

254

### 면 (보통 복수)

우리는 오늘 토마토 양념을 곁들인 면 요리를 저녁으로 먹어.

양념

---

255 ● ● ●

### die **Suppe**   die Suppen

Ich esse normalerweise Suppe zum Frühstück.

255

### 수프

나는 보통 아침으로 수프를 먹어.

256

### das Fleisch
Ich esse kein Fleisch. Ich bin Vegetarier.
der Vegetarier

256

### 고기
나는 고기를 먹지 않아. 나는 채식주의자야.
채식주의자(남)

257

### das Schweinefleisch
Lisa und Marius finden Schweinefleisch sehr lecker.
finden + (형용사)

257

### 돼지고기
Lisa와 Marius는 돼지고기가 매우 맛있다고 여긴다.
~라고 여기다

258

### das Rindfleisch
Meine Brüder essen gerne Rindfleisch.

258

### 소고기
내 남자 형제는 소고기를 즐겨 먹는다.

259

### das Hühnerfleisch
Ich mache eine Diät. Ich esse nur Hühnerfleisch und Gemüse.
die Diät • nur

259

### 닭고기
나는 다이어트해. 나는 닭고기랑 채소만 먹어.
다이어트 • ~만, 단지

260

### der Fisch   die Fische
Mein Vater isst sehr gerne Fisch.

260

### 생선
내 아버지는 생선을 매우 즐겨 드셔.

261 ● ● ●

die **Meeresfrucht**
die Meeresfrüchte
Ich esse gerne Meeresfrüchte.

261

해산물

나는 해산물을 즐겨 먹어.

262 ● ● ●

der **Salat**   die Salate
Ich esse heute einen Salat.

262

샐러드

나는 오늘 샐러드를 먹는다.

263 ● ● ●

die **Pizza**   die Pazzas / die Pizzen
Essen wir morgen Abend Pizza?

263

피자

우리 내일 저녁에 피자 먹어?

| Gemüse | 채소 |
| --- | --- |

264 ● ● ●

das **Gemüse**
Ich esse gerne viel Gemüse. Das ist gesund.

264

채소

나는 채소 많이 즐겨 먹어. 그건 건강해.

265 ● ● ●

die **Kartoffel**   die Kartoffeln
Ich nehme das Steak mit Kartoffeln.
nehmen

265

감자

저는 감자를 곁들인 스테이크로 할게요.
받다, 취하다

Gemüse   채소   69

266 ● ● ●

die **Süßkartoffel**  die Süßkartoffeln
Die Süßkartoffel-Pommes, bitte.

266

고구마
고구마튀김 주세요.

267 ● ● ●

die **Zwiebel**  die Zwiebeln
Ich hätte gerne einen Döner ohne Zwiebeln.
der Döner

267

양파
저는 양파 뺀 케밥으로 주문할게요.
케밥

268 ● ● ●

die **Frühlingszwiebel**
die Frühlingszwiebeln
Für die Suppe brauchen wir Frühlingszwiebeln.
brauchen

268

파
수프에 우리는 파가 필요해.
필요하다

269 ● ● ●

der **Knoblauch**
Ich esse gerne Nudeln mit viel Knoblauch. Ich liebe Knoblauch.

269

마늘
나는 마늘이 많이 들어간 면 요리를 즐겨 먹어. 나는 마늘을 사랑해.

270 ● ● ●

der **Kohl**
Für Kimchi braucht man Kohl.

270

양배추, 배추
김치에는 배추가 필요해.

271

**die Karotte**  die Karotten
Wie viele Karotten haben wir?

271

당근
우리 당근 얼마나 많이 있어?

272

**die Tomate**  die Tomaten
Ich mache einen Salat mit Tomaten.

272

토마토
나는 토마토로 샐러드를 만들어.

273

**der Pilz**  die Pilze
Das ist eine Pilzsuppe.

273

버섯
이것은 버섯 수프야.

274

**die Bohne**  die Bohnen
Wir haben keine Bohnen.

274

콩
우리는 콩이 없어.

275

**die Gurke**  die Gurken
Ich habe zu Hause eine Gurke.
zu Hause

275

오이
나는 집에 오이가 하나 있어.
집에(서)

276
**der Chili**  die Chilis
Mögen Sie Chilis?

276
**고추**
당신은 고추를 좋아하세요?

277
**die Paprika**  die Paprikas
Wir brauchen für das Essen zwei Paprikas.

277
**피망, 파프리카**
우리는 이 음식에 파프리카가 두 개 필요하다.

278
**gesund**
Gemüse ist sehr gesund und schmeckt lecker.

278
**건강한**
채소는 매우 건강하고 맛있다.

279
**ungesund**
Ich esse kein Fastfood. Das ist ungesund.

279
**건강하지 않은**
나는 패스트푸드를 먹지 않아. 그것은 건강하지 않아.

| Obst | 과일 |
| --- | --- |

280
**das Obst**
Wir essen jeden Tag Obst zum Frühstück.

280
**과일**
우리는 매일 과일을 아침으로 먹는다.

**281**

die **Frucht**  die Früchte
Ich frühstücke gerne Müsli mit Früchten.

**281**

과실, 열매, 과일
나는 과일을 곁들인 뮈슬리로 아침을 즐겨 먹어.

**282**

die **Banane**  die Bananen
Mein Vater isst jeden Morgen eine Banane.

**282**

바나나
내 아버지는 매일 아침 바나나 하나를 드신다.

**283**

der **Apfel**  die Äpfel
Meine Schwester isst morgens immer einen Apfel.

**283**

사과
내 여자 형제는 아침마다 항상 사과를 하나 먹어.

**284**

die **Birne**  die Birnen
Mein Lieblingsobst sind Birnen.

**284**

배
내가 가장 좋아하는 과일은 배야.

**285**

die **Beere**  die Beeren
Ich liebe Beeren. Ich esse besonders gerne Erdbeeren und Blaubeeren.

**285**

베리
나는 베리를 사랑해. 나는 특히 딸기와 블루베리를 즐겨 먹어.

286

**die Ananas**  die Ananas
Meine Kinder essen nicht gerne Ananas.

286

**파인애플**
내 아이들은 파인애플을 즐겨 먹지 않아.

287

**die Melone**  die Melonen
Heute Nachmittag essen wir ein bisschen Melone.

287

**멜론**
오늘 오후에 우리는 멜론을 조금 먹는다.

288

**die Weintraube**  die Weintrauben
Für Wein braucht man Weintrauben.

288

**포도**
포도주에는 포도가 필요하다.

289

**die Kiwi**  die Kiwis
Ich mag keine Kiwis.

289

**키위**
나는 키위를 좋아하지 않아.

290

**die Zitrone**  die Zitronen
Ich trinke gerne Tee mit Zitrone.

290

**레몬**
나는 레몬을 곁들인 차를 즐겨 마셔.

291

**die Nuss** die Nüsse
Was sind deine Lieblingsnüsse?

291

견과(류)
네가 제일 좋아하는 견과류는 뭐야?

| Süßes & Geschmack | 단것 & 맛 |
| --- | --- |

292

**der Kuchen** die Kuchen
Wir backen am Samstag einen Kuchen.
backen

292

케이크
우리는 토요일에 케이크를 하나 굽는다.
(화덕에) 굽다

293

**die Torte** die Torten
Ich kaufe eine Torte für meine Oma.
kaufen

293

크림 케이크
나는 내 할머니를 위해 크림 케이크를 하나 산다.
사다

294

**die Süßigkeit** die Süßigkeiten
Ich esse nicht so viele Süßigkeiten.

294

단것
나는 단것을 그리 많이 먹지 않아.

295

**der Keks** die Kekse
Meine Tochter liebt Kekse.

295

과자, 비스킷
내 딸은 과자를 사랑한다.

296

### das **Gebäck**
Das ist ein Gebäck aus Korea.

296

### 구운 과자, 쿠키
이건 한국산 구운 과자야.

297

### das **Dessert**   die Desserts
Meine Oma isst nach dem Essen immer ein Dessert.

297

### 디저트
내 할머니는 식사 후에 항상 디저트를 드셔.

298

### die **Nachspeise**   die Nachspeisen
Ich esse gerne Obst als Nachspeise.

298

### 후식
나는 후식으로 과일을 즐겨 먹어.

299

### süß
Ich esse nicht gerne Torte. Das finde ich zu süß.

299

### 단
나는 크림 케이크를 즐겨 먹지 않아. 난 그것이 너무 달다고 생각해.

300

### scharf
Die Suppe ist sehr scharf.

300

### 매운
이 수프는 매우 매워.

301 ●●●

**salzig**
Die Wurst ist ein bisschen zu salzig.
die Wurst

301

**짠**
이 소시지는 좀 너무 짜.
소시지

302 ●●●

**sauer**
Die Zitrone schmeckt sehr sauer.

302

**신**
이 레몬은 매우 신 맛이 나.

303 ●●●

das **Eis**　die Eis
Im Sommer esse ich jeden Tag Eis.
der Sommer

303

**아이스크림, 빙과**
여름에 나는 매일 아이스크림을 먹어.
여름

| Getränke | 음료 |
|---|---|

304 ●●●

das **Wasser**
Ich trinke meistens Wasser.

304

**물**
나는 대체로 물을 마셔.

305 ●●●

der **Saft**
Ich trinke gerne Orangensaft oder Apfelsaft.
oder

305

**주스**
나는 오렌지 주스 또는 사과 주스를 즐겨 마셔.
또는

306 ● ● ●

**die Limonade**   die Limonaden

Mögt ihr Limonade?

306

레모네이드

너희 레모네이드 좋아하니?

307 ● ● ●

**die Cola**   die Colas

Ich hätte gerne eine Cola.

307

콜라

저는 콜라로 주문할게요.

308 ● ● ●

**der Kaffee**   die Kaffees

Meine Schwester trinkt sehr viel Kaffee.

308

커피

나의 여자 형제는 커피를 매우 많이 마셔.

309 ● ● ●

**der Tee**   die Tees

Ich trinke gerne Tee.

309

차

나는 차를 즐겨 마셔.

310 ● ● ●

**die Milch**

Trinkst du deinen Kaffee mit Milch?

310

우유

너는 네 커피에 우유를 넣어 마시니?

311

### der **Alkohol**
Mein Freund trinkt keinen Alkohol.

311

### 술
내 남자 친구는 술을 마시지 않아.

312

### das **Bier**  die Biere
Meine Freundin trinkt gerne Bier aus Deutschland.

312

### 맥주
내 여자 친구는 독일산 맥주를 즐겨 마셔.

313

### der **Wein**  die Weine
Ich trinke gerne Rotwein.
rot

313

### 포도주
저는 적포도주를 즐겨 마셔요.
빨간

Getränke   음료

## 연습문제

**Essen 음식**

**1** 음성 1-6을 듣고 이에 맞는 한국어 번역을 찾아 연결하세요.  4-Ü-1

①                  ⓐ 나는 생선을 그렇게 즐겨 먹지 않아.
②                  ⓑ 케이크는 맛있어.
③                  ⓒ 나는 주스 안 좋아해.
④                  ⓓ 나는 대체로 물을 마셔.
⑤                  ⓔ 나는 맥주를 즐겨 마셔.
⑥                  ⓕ 나는 채소가 맛있다고 생각해.

**2** 문장을 읽고 적절한 단어로 채우세요. 단어의 첫 글자를 참고하세요.

ⓐ 아침으로 나는 빵을 먹고 커피를 마셔.

Zum F_____ esse ich B_____ und trinke K_____.

ⓑ 나는 보통 수프와 밥을 점심으로 먹어.

Ich esse n_____ S_____ und R_____ zu Mittag.

ⓒ 저녁으로 나는 대체로 생선을 곁들인 면을 먹어.

Zu Abend esse ich m_____ N_____ mit F_____.

**3** 그림을 보고 떠오르는 과일 이름을 적으세요.

---
---

**4** 그림을 보고 떠오르는 채소 이름을 적으세요.

---
---

# Gegenstände
# 사물

| Gegenstände | 사물 |
|---|---|
| 314<br>**das Glas** die Gläser<br>Laura trinkt jeden Morgen ein Glas Wasser. | 314<br>유리잔<br>Laura는 매일 아침 물을 한 잔 마신다. |
| 315<br>**die Tasse** die Tassen<br>Der Lehrer trinkt fünf Tassen Kaffee. | 315<br>찻잔<br>그 선생님은 커피를 다섯 잔 마신다. |
| 316<br>**die Flasche** die Flaschen<br>Tim kauft vier Flaschen Bier. | 316<br>병<br>Tim은 맥주 네 병을 산다. |
| 317<br>**der Teller** die Teller<br>Wir haben acht Teller. | 317<br>접시<br>우리는 접시가 여덟 개 있다. |

318 ● ● ●

die **Schüssel**　die Schüsseln

Müsli esse ich aus einer Schüssel.

318

그릇

뮤슬리를 나는 그릇에 먹는다.

---

319 ● ● ●

das **Besteck**

Wir brauchen Besteck.

319

식사 도구 (숟가락, 포크, 칼 등)

우리는 식사 도구가 필요하다.

---

320 ● ● ●

die **Gabel**　die Gabeln

Ich esse meinen Salat mit einer Gabel.

320

포크

나는 내 샐러드를 포크로 먹는다.

---

321 ● ● ●

das **Messer**　die Messer

Ich schneide das Steak mit dem Messer.
schneiden

321

칼

나는 그 스테이크를 칼로 썬다.
자르다

---

322 ● ● ●

der **Löffel**　die Löffel

Suppe isst man mit einem Löffel.

322

숟가락

수프는 숟가락으로 먹는다.

Gegenstände　사물

### 323

**das Essstäbchen**  die Essstäbchen

Ich benutze zum Essen immer einen Löffel und Essstäbchen.

benutzen

### 323

**젓가락** (대부분 복수로 사용)

나는 식사에 항상 숟가락과 젓가락을 사용한다.

사용하다

### 324

**alt sein**

Diese Tasse ist alt.

### 324

**오래되다**

이 찻잔은 오래됐어.

### 325

**neu sein**

Die Stäbchen sind ganz neu.

ganz

### 325

**새것이다**

이 젓가락은 완전 새거야.

완전히

### 326

**interessant sein**

Dieser Film ist sehr interessant.

### 326

**흥미롭다**

이 영화는 매우 흥미로워.

### 327

**langweilig sein**

Ich finde diese Serie ein bisschen langweilig.

### 327

**지루하다**

나는 이 드라마가 좀 지루하다고 생각해.

### 328
**kosten**
Wie viel kostet diese Tasse?

### 328
**(값이) ~이다**
이 찻잔은 얼마예요?

### 329
**teuer sein**
Der Teller ist viel zu teuer für einen Teller!
viel • zu

### 329
**비싸다**
그 접시는 접시치곤 너무 비싸!
많이 • 너무

### 330
**billig sein**
Das Glas kostet nur einen Euro. Das ist sehr billig.
nur

### 330
**싸다**
이 유리잔은 겨우 1유로야. 이건 아주 싸.
겨우, 고작

### 331
**günstig sein**
Die Schüssel ist auch günstig.

### 331
**저렴하다**
이 그릇도 저렴하네.

### 332
**kaufen**
Ich möchte diese Schüssel gerne kaufen.
möchten

### 332
**사다**
나 이 그릇 사고 싶어.
하고 싶다

| 333 ● ● ● | 333 |
|---|---|
| das **Buch**  die Bücher | 책 |
| Magst du dieses Buch? | 너 이 책 좋아해? |

| 334 ● ● ● | 334 |
|---|---|
| das **Wörterbuch** | 사전 |
| die Wörterbücher | |
| Ich kaufe morgen ein Wörterbuch. | 나 내일 사전 하나 살 거야. |

| 335 ● ● ● | 335 |
|---|---|
| der **Stift**  die Stifte | (연필, 색연필, 파스텔 등) 필기구 |
| Ist dieser Stift neu? | 이 필기구 새거야? |

| 336 ● ● ● | 336 |
|---|---|
| der **Bleistift**  die Bleistifte | 연필 |
| Ich schreibe gerne mit einem Bleistift. | 나는 연필로 쓰는 거 좋아해. |
|   schreiben | 쓰다 |

| 337 ● ● ● | 337 |
|---|---|
| der **Kugelschreiber** | 볼펜 |
| die Kugelschreiber | |
| Ich schreibe lieber mit einem Kugelschreiber. | 나는 볼펜으로 쓰는 걸 더 좋아해. |

338

**der Kuli**  die Kulis
Ist das mein Kuli?

338

**펜 (일상 용어)**
이거 내 펜인가?

339

**die Notiz**  die Notizen
Wo ist meine Notiz?

339

**메모**
내 메모 어디 있지?

340

**die Schere**  die Scheren
Ich brauche eine Schere.

127

**가위**
나 가위가 필요해.

341

**das Telefon**  die Telefone
Dieses Telefon ist leider sehr teuer.

341

**전화기**
이 전화기는 안타깝게도 아주 비싸다.

342

**das Handy**  die Handys
Ich finde mein Handy ein bisschen zu klein.
klein

342

**휴대 전화기**
내 생각에 내 전화기는 좀 너무 작아.
작은

Gegenstände   사물   87

**343** ● ● ●

der **Computer**　die Computer

Mein Computer ist sehr alt und sehr groß.

**343**

컴퓨터

내 컴퓨터는 아주 오래됐고 매우 커.

---

**344** ● ● ●

der **Laptop**　die Laptops

Wie findest du diesen Laptop?

**344**

노트북 컴퓨터

이 노트북 어때?

---

**345** ● ● ●

das **Tablet**　die Tablets

Mein Mann möchte ein Tablet haben.

**345**

태블릿 컴퓨터

내 남편은 태블릿을 하나 갖고 싶어 한다.

---

**346** ● ● ●

der **Drucker**　die Drucker

Mein Drucker ist sehr alt, aber er funktioniert noch.

funktionieren • noch

**346**

인쇄기

내 인쇄기는 아주 오래됐지만 아직 작동한다.

작동하다 • 여전히, 아직

---

**347** ● ● ●

die **Tasche**　die Taschen

Die Tasche ist sehr schön.

**347**

가방

그 가방은 아주 예쁘다.

### 348 ● ● ●
der **Rucksack**  die Rucksäcke
Wie viel kostet dieser Rucksack?

### 348
**배낭**
이 배낭은 얼마예요?

### 349 ● ● ●
das **Portemonnaie**
die Portemonnaies
Ich möchte dieses Portemonnaie nicht kaufen.

### 349
**지갑**
나 이 지갑 안 사고 싶어.

### 350 ● ● ●
**finden** + Adjektiv
Wie findest du meine Tasche?

### 350
**(형용사)라고 생각하다/여기다**
내 가방 어때?

### 351 ● ● ●
**schön sein**
Der Computer ist schön, aber er ist ein bisschen zu teuer für mich.
 für

### 351
**아름답다, 좋다**
이 컴퓨터는 좋은데 나한테 좀 너무 비싸.
 ~에게 · ~한테

### 352 ● ● ●
**hübsch sein**
Das Mädchen ist hübsch.

### 352
**예쁘다**
그 여자 아이는 예쁘다.

353

### hässlich sein
Mein Telefon ist ein bisschen hässlich.

353

### 못생기다
내 전화기는 좀 못생겼어.

354

### schwer sein
Warum ist deine Tasche so schwer?
warum • so

354

### 무겁다
네 가방은 왜 그렇게 무거워?
왜 • 그렇게

355

### leicht sein
Dieses Tablet ist sehr leicht.

355

### 가볍다
이 태블릿은 아주 가벼워.

356

### schlecht sein
Der Film ist ein bisschen schlecht.

356

### 나쁘다
이 영화는 좀 별로야.

## Wohnung & Möbel | 집 & 가구

357

### das Haus   die Häuser
Anna wohnt in dem Haus da vorne.
da vorne

357

### 주택, 건물
Anna는 저 앞 주택에 살아.
저 앞에

358

die **Wohnung**　die Wohnungen
Wir wohnen in einer Wohnung.

358

아파트, 집
우리는 아파트에 산다.

359

das **Zimmer**　die Zimmer
Unsere Wohnung hat vier Zimmer.

359

방
우리 집은 방이 네 개 있다.

360

der **Garten**　die Gärten
Meine Großeltern haben ein Haus mit Garten.

360

정원
내 조부모님은 정원이 딸린 주택이 있다.

361

der **Balkon**　die Balkone
Mias Wohnung hat zwei Balkone.

361

발코니
Mia의 집은 발코니가 두 개 있다.

362

das **Wohnzimmer**
die Wohnzimmer
Im Wohnzimmer sitzen wir und sehen fern.
sitzen

362

거실
거실에 앉아서 우리는 TV를 본다.
앉아 있다

### 363
**die Küche**  die Küchen
Mein Vater steht in der Küche und kocht.
stehen

### 363
부엌
내 아버지는 부엌에 서서 요리한다.
서 있다.

### 364
**das Bad**  die Bäder
Im Bad duscht man.

### 364
욕실
욕실에서 샤워를 합니다.

### 365
**das Esszimmer**  die Esszimmer
Im Esszimmer sitzen wir zusammen und essen etwas.
zusammen • etwas

### 365
식당, 식사하는 방
식당에 함께 앉아 우리는 앉아 뭔가를 먹는다.
함께 • 무엇인가

### 366
**das Schlafzimmer**
die Schlafzimmer
Mein Schlafzimmer ist sehr ordentlich.
ordentlich

### 366
침실

내 침실은 매우 단정하다.
단정한, 정돈된

### 367
**das Erdgeschoss**
die Erdgeschosse
Die Toiletten befinden sich im Erdgeschoss.
die Toilette • sich befinden

### 367
0층(한국식으로는 1층)

화장실은 1층(독일식으로는 0층)에 있다.
화장실 • 위치하다

### 368

**der Stock**

Meine Wohnung ist im fünften Stock.

### 368

**층(한국식으로 2층부터)**

내 집은 6층(독일식으로는 5층)에 있다.

### 369

**die Tür**  die Türen

Ist die Tür offen?
 offen sein

### 369

**문**

문 열려 있나?
 열려 있다

### 370

**das Fenster**  die Fenster

Das Fenster ist neben der Tür.
 neben

### 370

**창문**

창문은 문 옆에 있다.
 ~ 옆에

### 371

**die Wand**  die Wände

An der Wand hängt mein Lieblingsfoto.
 an • hängen

### 371

**벽**

벽에는 내가 가장 좋아하는 사진이 걸려 있다.
 ~ 곁에, ~에 붙어 • 걸려 있다

### 372

**der Boden**  die Böden

Der Teppich liegt auf dem Boden.
 liegen • auf

### 372

**바닥**

양탄자가 바닥에 깔려 있다.
 누워 있다 • ~ 윗면에

373

die **Decke**  die Decken
Die Lampe hängt an der Decke.

373

천장

등이 천장에 달려 있다.

374

die **Lampe**  die Lampen
Die Lampe steht auf dem Tisch.

374

등

등이 탁자 위에 서 있다.

375

die **Uhr**  die Uhren
Die Uhr hängt an der Wand.

375

시계

시계가 벽에 걸려 있다.

376

das **Bild**  die Bilder
Die Bilder hängen an der Wand über dem Tisch.
über

376

그림

그림이 탁자 위 벽에 걸려 있다.
~ 위에

377

der **Tisch**  die Tische
Der Tisch steht vor der Wand.
vor

377

탁자

탁자가 벽 앞에 서 있다.
~ 앞에

**378** ● ● ●

**der Schreibtisch**
die Schreibtische
Ich habe einen Schreibtisch in meinem Zimmer.

**378**

책상

나는 내 방에 책상이 하나 있다.

---

**379** ● ● ●

**das Bett** die Betten
Ich liege im Bett.

**379**

침대

나는 침대에 누워 있다.

---

**380** ● ● ●

**der Stuhl** die Stühle
Der Tisch steht zwischen den Stühlen.
zwischen

**380**

의자

탁자는 의자 사이에 있다.
~ 사이에

---

**381** ● ● ●

**das Sofa** die Sofas
Meine Schwester liegt auf dem Sofa.

**381**

소파

내 여자 형제는 소파 위에 누워 있다.

---

**382** ● ● ●

**der Sessel** die Sessel
Ich möchte einen Sessel kaufen und ihn neben mein Bett stellen.
stellen

**382**

안락의자

나는 안락의자를 하나 사서 내 침대 옆에 세워 두고 싶다.
세우다

### 383
**der Teppich** die Teppiche
Leg den Teppich bitte unter den Tisch.
legen • bitte

### 383
양탄자
양탄자를 탁자 아래 깔아줘.
누이다 • (부탁할 때 사용)

### 384
**der Schrank** die Schränke
Meine Kleidung ist im Schrank.
die Kleidung

### 384
장
내 옷은 (옷)장에 있다.
옷, 의류

### 385
**das Regal** die Regale
Meine Bücher stehen im Regal.

### 385
책장
내 책들이 책장에 (꽂혀) 있다.

### 386
**der Vorhang** die Vorhänge
Ich hänge den Vorhang vor das Fenster.
hängen • vor

### 386
커튼
나는 커튼을 창문 앞에 건다.
걸다 • ~ 앞에

### 387
**die Pflanze** die Pflanzen
Die Pflanze steht zwischen dem Sofa und der Lampe.

### 387
식물
식물은 소파와 등 사이에 있다.

388

**der Fernseher**　die Fernseher
Stell den Fernseher bitte neben die Tür.

388

**텔레비전, TV**
TV를 문 옆에 세워 줘.

# 연습문제

**Gegenstände 사물**

**1** 음성 1-7을 듣고 이에 맞는 한국어 번역을 찾아 연결하세요.

①                  ⓐ 그 가방은 무겁다.
②                  ⓑ 그 젓가락은 완전 새 거다.
③                  ⓒ 그 휴대 전화는 비싸다.
④                  ⓓ 그 부엌은 어지럽다.
⑤                  ⓔ 그 책은 지루하다.
⑥                  ⓕ 그 창문은 깨끗하다.
⑦                  ⓖ 그 장은 좀 못생겼다.

**2** 그림을 살펴보고 단어를 채우세요. 단어의 첫 글자를 참고하세요.

ⓐ

ⓑ

ⓒ

ⓓ

ⓐ Der G_____ ist vor dem Haus.
ⓑ Das W_____ ist im Erdgeschoss.
ⓒ Die K_____ hat zwei Lampen.
ⓓ Das B_____ hat kein Fenster.

**3** 그림을 살펴보고 빈칸을 전치사로 채우세요.

zwischen - auf - hinter - vor - neben - unter - an

ⓐ Die Katze liegt _____ dem Sessel.
ⓑ Die Lampe steht _____ dem Sessel.
ⓒ Der Tisch steht _____ dem Sessel und sem Regal.
ⓓ Das Fenster ist _____ dem Sessel.
ⓔ Das Glas steht _____ dem Tisch.
ⓕ Der Teppich liegt _____ der Katze.
ⓖ Das Bild hängt _____ der Wand.

**4** 대화를 듣고 가격을 채우고, 질문에 독일어로 대답하세요.

ⓐ 볼펜: _____ Euro
ⓑ 가위: _____ Euro
ⓒ Was kauft er? _____

# Fortbewegung
# 이동

| Fortbewegung | 이동 |
|---|---|
| 389<br>**gehen**<br>Wohin gehst du heute nach der Uni?<br>wohin | 389<br>**(걸어) 가다**<br>너 오늘 (대)학교 끝나고 어디로 가?<br>어디로 |
| 390<br>**fahren**<br>Fährst du am Wochenende zu deinen Eltern? | 390<br>**(타고) 가다**<br>너 주말에 네 부모님께 가니? |
| 391<br>**fliegen**<br>Wir fliegen diesen Sommer in die Türkei.<br>dies- | 391<br>**(날아) 가다**<br>우리는 이번 여름에 터키로 간다.<br>이(번) |
| 392<br>**besuchen**<br>Nächste Woche besuche ich meine Großeltern in Busan. | 392<br>**방문하다**<br>다음 주에 나는 부산에 계신 내 조부모님을 방문한다. |

**393**

**nach** + Stadtteil-/Städte-/Länder-Name ohne Artikel

Wir fahren erst nach Madrid und dann nach Barcelona.
erst • dann

**393**

(구, 도시, 나라*)로

우리는 우선 마드리드로 간 다음에 바르셀로나로 갈 거야.
우선 • 그 다음

---

**394**

**in** + Gebäude / Land mit Artikel

Am Samstag gehe ich mit meiner Freundin zusammen ins Kino.
zusammen

**394**

(건물) 안으로, (나라**)로

토요일에 나는 내 여자 친구와 함께 영화관에 간다.
함께

---

**395**

**zu** + Gebäude / Ort / Person

Ich fahre zur Sprachschule.
die Sprachschule

**395**

(건물, 장소, 사람)로

나는 어학원으로 간다.
어학원

---

**396**

**nach Hause**

Nach der Arbeit fahre ich nach Hause.

**396**

집으로

일이 끝나면 나는 집으로 간다.

---

**397**

**zu Hause**

Ich bin zu Hause.

**397**

집에

나는 집에 있다.

---

\* 국가명 중 관사없이 사용하는 국가명에 한하여 nach를 사용합니다. (예: nach Korea)
\*\* 국가명 중 관사를 사용해야 하는 (여성명사, 남성명사, 복수명사의) 국가명은 in을 사용합니다. (예: in die Türkei)

Fortbewegung 이동

398

**die Arbeit** die Arbeiten
Ich gehe jetzt zur Arbeit.

398

직장, 일, 노동, 작업*
나는 이제 일하러 간다.

399

**das Büro** die Büros
Freitags gehe ich nicht ins Büro.

399

사무실
금요일에 나는 사무실에 안 간다.

400

**die Schule** die Schulen
Meine Tochter geht jeden Morgen um halb acht zur Schule.

400

학교
내 딸은 매일 아침 일곱 시 반에 학교에 간다.

401

**die Universität** die Universitäten
Ich möchte an einer Universität in Deutschland studieren.

401

대학교
나는 독일에 있는 대학교에서 공부하고 싶다.

402

**die Uni** die Unis
Gehst du heute Nachmittag zur Uni?

402

대학교 (일상 용어)
너 오늘 오후에 대학교에 가니?

---

\* 직장, 노고 등을 의미할 때는 복수 없음

403 ● ● ●
# lange
Wie lange fährst du von hier bis zur Uni?
hier

403
# 오래
너 여기에서 대학교까지 얼마나 가니?
여기

404 ● ● ●
# dauern
Wie lange dauert es von hier bis zur Sprachschule?

404
# (시간이) 걸리다
여기에서 어학원까지 얼마나 걸리니?

405 ● ● ●
# brauchen
Wie lange brauchst du von deiner Wohnung bis zum Büro?

405
# (시간이) 필요하다
너네 집에서 사무실까지 얼마나 필요하니?

406 ● ● ●
# das **Fahrrad**  die Fahrräder
Mein Vater fährt immer mit dem Fahrrad zur Arbeit.
immer

406
# 자전거
내 아버지는 항상 자전거로 직장에 가신다.

항상

407 ● ● ●
# das **Auto**  die Autos
Ich fahre immer mit dem Auto zur Arbeit.

407
# 자동차, 승용차
나는 항상 차를 타고 직장에 간다.

### 408
**der Bus**  die Busse
Fährst du mit dem Bus zur Schule?

### 408
버스
너 버스 타고 학교에 가니?

### 409
**die Bahn**  die Bahnen
Ich warte auf die Bahn.

### 409
철도, 기차
나는 기차를 기다린다.

### 410
**die Straßenbahn**
die Straßenbahnen
Ich fahre heute mit der Straßenbahn nach Hause.

### 410
노면 전차
나는 오늘 노면 전차를 타고 집에 간다.

### 411
**die U-Bahn**  die U-Bahnen
Ich fahre immer mit der U-Bahn zur Arbeit.

### 411
지하철
나는 항상 지하철을 타고 직장에 간다.

### 412
**der Zug**  die Züge
Wir fahren nächstes Wochenende mit dem Zug nach München.

### 412
열차
우리는 다음 주말에 열차를 타고 뮌헨으로 간다.

413 ●●●

**das Flugzeug**   die Flugzeuge

Wir fliegen mit dem Flugzeug in die Schweiz.

413

비행기

우리는 비행기를 타고 스위스로 간다.

414 ●●●

**das Schiff**   die Schiffe

Ich fahre diesen Sommer mit dem Schiff nach China.

414

배

나는 이번 여름에 배를 타고 중국으로 간다.

415 ●●●

**zu Fuß**

Ich gehe meistens zu Fuß zur Uni.

415

걸어서

나는 대체로 걸어서 대학교에 간다.

416 ●●●

**weit**

Von hier bis zu meiner Freundin ist es sehr weit.

416

먼

여기에서 내 여자 친구네까지 매우 멀다.

417 ●●●

**nah**

Das ist nah. Ich brauche zu Fuß nur 5 Minuten.

417

가까운

그건 가까워. 나는 걸어서 단지 5분이면 돼.

418

**nehmen**
Ich nehme den Bus um 12 Uhr.

418

**(교통수단을) 잡다, 타다, 이용하다**
나는 12시에 버스를 탄다.

419

**einsteigen**
Wo steigst du ein?

419

**(올라)타다**
너 어디에서 타?

420

**aussteigen**
Wo steigst du aus?

420

**내리다**
너 어디에서 내려?

421

**umsteigen**
Ich steige in die Linie 6 um.
die Linie

421

**갈아타다**
나 6호선으로 갈아타.
선, 호선

422

**aus dem Haus gehen**
Wir gehen normalerweise um halb neun aus dem Haus.

422

**집을 나서다**
우리는 보통 여덟 시 반에 집을 나선다.

423 ● ● ●
## losgehen
Ich gehe jetzt los.

423
## (걸어서) 출발하다
나 지금 출발해.

424 ● ● ●
## losfahren
Wir fahren jeden Morgen um 8 Uhr los.

424
## (타고) 출발하다
우리는 아침마다 8시에 출발한다.

425 ● ● ●
## abfahren
Der Zug fährt schon in 10 Minuten ab!
schon

425
## (교통수단이) 출발하다
열차는 10분 있으면 벌써 출발해!
벌써

426 ● ● ●
## ankommen
Ich komme so um 4 Uhr bei dir an.
bei + Person

426
## 도착하다
나 4시쯤에 너네 집에 도착해.
(사람)네, ~집에

427 ● ● ●
## zu spät kommen
Ich komme leider ein bisschen zu spät.
leider

427
## 지각하다
나 유감스럽게도 조금 지각해.
유감스럽게

### 428 ●●●
**nach Hause kommen**
Er kommt erst um 8 Uhr nach Hause.

### 428
귀가하다
걔는 8시나 돼야 집에 와.

### 429 ●●●
**rausgehen**
Ich gehe mal kurz ein bisschen raus.
mal · kurz

### 429
외출하다
나 잠깐 좀 외출할게.
좀 · 짧게

### 430 ●●●
**zurückkommen**
Ich komme in ungefähr 20 Minuten zurück.
ungefähr

### 430
돌아오다
나 대략 20분 뒤에 돌아와.
대략

| Orte | 장소 |
|---|---|

### 431 ●●●
der **Weg**  die Wege
Kennst du den Weg?

### 431
길
너 그 길 알아?

### 432 ●●●
der **Bahnhof**  die Bahnhöfe
Entschuldigung, wie komme ich von hier aus zum Bahnhof?

### 432
기차역
실례합니다, 여기에서 기차역까지 어떻게 가나요?

433 ● ● ●

**die Haltestelle**  die Haltestellen
Gibt es hier in der Nähe eine Haltestelle?
in der Nähe

433
정류소
이 근처에 정류소가 있나요?
근처에

---

434 ● ● ●

**die Station**  die Stationen
Er fährt nur drei Stationen mit der U-Bahn.

434
역
걔는 지하철로 세 역만 간다.

---

435 ● ● ●

**die Post**
Ich suche die Post.

435
우체국
나는 우체국을 찾는다.

---

436 ● ● ●

**die Bank**  die Banken
Ich gehe später zur Bank.

436
은행
나는 이따 은행에 간다.

---

437 ● ● ●

**das Rathaus**  die Rathäuser
Entschuldigung, wo finde ich hier das Rathaus?

437
시청
실례합니다, 여기 시청이 어디에 있나요?

438

**der Supermarkt**  die Supermärkte
Ich gehe jetzt zum Supermarkt.

438

슈퍼마켓
나는 지금 슈퍼마켓에 간다.

439

**die Bäckerei**  die Bäckereien
In der Bäckerei kann man Brot und Gebäck kaufen.
können

439

빵집
빵집에서는 빵과 과자를 살 수 있다.
할 수 있다

440

**die Apotheke**  die Apotheken
In der Apotheke gibt es Medizin.
die Medizin

440

약국
약국에는 약이 있다.
약

441

**das Krankenhaus**
die Krankenhäuser
Mein Bruder liegt im Krankenhaus.

441

병원

내 남자 형제는 병원에 누워 있다.

442

**das Restaurant**  die Restaurants
Heute Abend gehe ich mit meiner Familie ins Restaurant.

442

식당
오늘 저녁 나는 가족과 식당에 간다.

**443** ● ● ●

das **Café**  die Cafés

Am Wochenende gehe ich gerne mit meinen Freunden ins Café.

**443**

카페

주말에 나는 내 친구들과 카페에 즐겨 간다.

---

**444** ● ● ●

das **Kino**  die Kinos

Sollen wir heute ins Kino gehen?

**444**

영화관

우리 오늘 영화관 갈까?

---

**445** ● ● ●

das **Museum**  die Museen

Ich möchte dieses Wochenende gerne ins Museum gehen.

**445**

박물관

나는 이번 주말에 박물관에 가고 싶다.

---

**446** ● ● ●

das **Einkaufszentrum**

die Einkaufszentren

Marie und ich gehen am Donnerstag ins Einkaufszentrum.

**446**

쇼핑센터

Marie와 나는 목요일에 쇼핑센터에 간다.

---

**447** ● ● ●

das **Geschäft**  die Geschäfte

In meiner Straße gibt es viele Geschäfte.
viel

**447**

상점

내가 사는 거리에는 상점이 많다.
많은

Orte  장소

448 ● ● ●

**der Park**  die Parks

Sollen wir heute Nachmittag zusammen in den Park gehen?

448

공원

우리 오늘 오후에 같이 공원에 갈래?

---

449 ● ● ●

**der Fluss**  die Flüsse

Meine Frau und ich gehen sonntags gerne am Fluss spazieren.

449

강

내 아내와 나는 일요일마다 강가를 즐겨 산책하러 간다.

---

450 ● ● ●

**die Straße**  die Straßen

In dieser Straße gibt es sehr viele Cafés und Restaurants.

450

거리

이 거리에는 카페와 식당이 아주 많다.

---

451 ● ● ●

**die Kreuzung**  die Kreuzungen

Gehen Sie erst bis zur Kreuzung.

451

사거리

우선 사거리까지 가세요.

---

452 ● ● ●

**die Ampel**  die Ampeln

Gehen Sie an der Ampel über die Straße.

452

신호등

신호등에서 길을 건너세요.

### 453
**rechts**
Gehen Sie dann nach rechts.

### 453
**오른쪽**
그다음에 오른쪽으로 가세요.

### 454
**links**
Gehen Sie dann nach links.

### 454
**왼쪽**
그다음에 왼쪽으로 가세요.

### 455
**geradeaus**
Gehen Sie dann etwa 5 Minuten geradeaus.

### 455
**직진해서**
그다음에 5분쯤 쭉 가세요.

### 456
**suchen**
Entschuldigen Sie bitte, ich suche die Universität.

### 456
**찾다**
실례하겠습니다, 저 대학교를 찾는 중이에요.

### 457
**finden**
Entschuldigung, wo finde ich hier eine Apotheke?

### 457
**찾아내다**
실례합니다만, 여기 약국이 어디에 있나요?

# 연습문제

**Fortbewegung 이동**

**1** 녹음을 듣고 화자가 내일 가지 않을 장소에 표시하세요.

ⓐ zu Hause
ⓑ Park
ⓒ Restaurant
ⓓ Apotheke
ⓔ Supermarkt
ⓕ Café
ⓖ Kino
ⓗ Bäckerei
ⓘ Uni

**2** 음성 1-5를 듣고 이에 맞는 한국어 번역을 찾아 연결하세요.

①                      ⓐ 시청은 사거리에 있다.
②                      ⓑ 강까지는 멀다.
③                      ⓒ 쭉 직진하면 쇼핑센터다.
④                      ⓓ 그 박물관은 저 앞 오른쪽이에요.
⑤                      ⓔ 그 병원은 저기 앞에 왼쪽이에요.

**3** 문장을 읽고 적절한 단어로 채우세요. 단어의 첫 글자를 참고하세요.

ⓐ 걔는 자전거를 타고 직장에 가.
  Er fährt mit dem F_____ zur A_____.
ⓑ 우리는 집에 걸어서 간다.
  Wir gehen zu F_____ nach H_____.
ⓒ 걔는 지하철을 타고 기차역까지 간다.
  Sie fährt mit der U-_____ zum B_____.
ⓓ 나는 자동차를 타고 학교에 간다.
  Ich fahre mit dem A_____ zur S_____.

**4** 글을 읽고 질문에 독일어로 대답하세요.

Paul geht morgens um halb neun aus dem Haus. Dann geht er zehn Minuten zur U-Bahn-Haltestelle und nimmt dort die U-Bahn. Er fährt 15 Minuten mit der U-Bahn. Dann steigt er um und fährt noch einmal zehn Minuten. Dann steigt er aus und geht fünf Minuten zu Fuß zum Büro.

ⓐ Wann geht er los?
  _____

ⓑ Wie lange braucht er von seiner Wohnung bis zum Büro?
  _____

ⓒ Wann kommt er an?
  _____

# Datum & Interaktion
# 날짜 & 상호 작용

| Monat & Datum | 달 & 날짜 |
|---|---|
| 458<br>**das Datum**　die Daten<br>Welches Datum haben wir heute?<br>welch- | 458<br>**날짜**<br>오늘 며칠이지?<br>어느 |
| 459<br>**der Geburtstag**　die Geburtstage<br>Wann ist dein Geburtstag? | 459<br>**생일**<br>너 생일이 언제야? |
| 460<br>**Geburtstag haben**<br>Ich habe heute Geburtstag. | 460<br>**생일이다**<br>나는 오늘 생일이야. |
| 461<br>**der Monat**　die Monate<br>In welchem Monat hast du Geburtstag? | 461<br>**달**<br>너 몇 월에 생일이야? |

116　Datum & Interaktion

462 ● ● ●

### der **Januar**  die Januare
Heute ist der 21. Januar 2022.

462

### 1월
오늘은 2022년 1월 21일이다.

---

463 ● ● ●

### der **Februar**  die Februare
Wir haben den 3. Februar.

463

### 2월
2월 3일이다.

---

464 ● ● ●

### der **März**  die Märze
Mein Sohn hat im März Geburtstag.

464

### 3월
내 아들은 3월에 생일이다.

---

465 ● ● ●

### der **April**  die Aprile
Im April ist das Wetter sehr schön.

465

### 4월
4월에는 날씨가 아주 좋다.

---

466 ● ● ●

### der **Mai**  die Maie
Meine Schwester ist am 30. Mai 1993 geboren.

466

### 5월
내 여자 형제는 1993년 5월 30일에 태어났다.

467

### der Juni  die Junis
Dieses Jahr im Juni fahren wir in Urlaub.
in Urlaub fahren

467

**6월**
올해 6월에 우리는 휴가 간다.
휴가 가다

468

### der Juli  die Julis
Hast du vielleicht am 1. Juli Zeit?
vielleicht

468

**7월**
너 혹시 7월 1일에 시간 있어?
혹시

469

### der August  die Auguste
Hast du am 31. August schon etwas vor?

469

**8월**
너 8월 31일에 이미 뭐 계획 있니?

470

### der September  die September
Ich soll die Hausaufgabe bis zum 15. September abgeben.
die Hausaufgabe • abgeben

470

**9월**
나는 숙제를 9월 15일까지 내야 한다.
숙제 • 제출하다

471

### der Oktober  die Oktober
Ab dem 22. Oktober bin ich im Urlaub.
im Urlaub sein

471

**10월**
10월 22일부터 나는 휴가다
휴가이다

472

### der **November**  die November
Vom 1. November bis zum 30. November habe ich einen Deutschkurs gemacht.
der Deutschkurs

472

### 11월
11월 1일부터 30일까지 나는 독일어 수업을 들었다.
독일어 수업

473

### der **Dezember**  die Dezember
Am 24. Dezember fahre ich zu meinen Eltern.

473

### 12월
12월 24일에 나는 내 부모님 댁에 간다.

474

### gestern
Ich war gestern mit meinem Freund zusammen im Kino.

474

### 어제
나는 어제 내 남자 친구랑 함께 영화관에 갔다.

475

### vorgestern
Hattest du vorgestern Unterricht?

475

### 그제
너 그제 수업 있었어?

476

### letzte Woche
Was hast du letzte Woche gemacht?

476

### 지난주에
너 지난주에 뭐 했어?

477

## letzten Monat
Letzten Monat hat mich meine Großmutter besucht.

477

## 지난달에
지난달에 내 조모가 나를 방문하셨다.

478

## letztes Jahr
Letztes Jahr bin ich sehr oft ausgegangen.
oft • ausgehen

478

## 지난해
지난해 나는 아주 자주 외출했다.
자주 • 외출하다

| Wetter | 날씨 |
| --- | --- |

479

## das Wetter
Wie ist das Wetter heute?

479

## 날씨
오늘 날씨 어때?

480

## sonnig sein
Heute ist es sonnig.

480

## 맑다
오늘은 맑아.

481

## die Sonne  die Sonnen
Die Sonne scheint den ganzen Tag.

481

## 태양
해가 하루 종일 빛난다.

482

**regnen**
Gestern hat es geregnet.

482

**비가 내리다**
어제는 비가 내렸다.

483

der **Regen**
Morgen gibt es viel Regen.

483

**비**
내일은 비가 많이 내린다.

484

**bewölkt sein**
Am Mittwoch war es sehr bewölkt.

484

**구름이 끼다**
수요일엔 구름이 많이 꼈다.

485

die **Wolke**   die Wolken
Heute gibt es viele Wolken am Himmel.
 der Himmel

485

**구름**
오늘 하늘에 구름이 많다.
하늘

486

**windig**
Vorgestern war es ein bisschen windig.

486

**바람이 부는**
그제 바람이 조금 불었다.

487 ● ● ●

der **Wind**　die Winde

Der Wind weht heute sehr stark.

wehen • stark

487

바람

바람이 오늘 아주 강하게 분다.

불다 • 강한

---

488 ● ● ●

**schneien**

Morgen schneit es.

488

눈이 내리다

내일은 눈이 내린다.

---

489 ● ● ●

der **Schnee**

Ich mag Schnee.

489

눈

나는 눈이 좋아.

---

490 ● ● ●

der **Grad**

Wie viel Grad sind es heute?

490

도 (기온 단위일 때는 단수로만 사용)

오늘 몇 도야?

---

491 ● ● ●

**heiß**

Im Sommer ist es sehr heiß.

491

더운

여름에는 매우 덥다.

### 492
**warm**
Heute ist es schön warm.

### 492
**따뜻한**
오늘은 꽤 따뜻해.

### 493
**kalt**
Am Wochenende war es sehr kalt.

### 493
**추운**
주말에 매우 추웠다.

### 494
die **Jahreszeit**  die Jahreszeiten
Was ist deine Lieblingsjahreszeit?

### 494
**계절**
네가 가장 좋아하는 계절은 뭐야?

### 495
der **Frühling**  die Frühlinge
Im Frühling ist es schon warm, aber es ist noch nicht so heiß.

### 495
**봄**
봄에는 따뜻하지만 아직 덥지는 않다.

### 496
der **Sommer**  die Sommer
Die Sonne scheint im Sommer sehr viel.

### 496
**여름**
태양이 여름에 아주 많이 내리쬔다.

497

der **Herbst**   die Herbste
Im Herbst ist es oft bewölkt und es regnet viel.

497

가을
가을에는 자주 구름이 끼고 비가 많이 온다.

498

der **Winter**   die Winter
In Deutschland schneit es im Winter leider nicht so oft.
nicht so oft

498

겨울
독일에서는 겨울에 아쉽게도 그렇게 자주 눈이 오지 않는다.
그렇게 자주는 아닌

| Häufigkeit & zeitliche Zusammenhänge | 빈도 & 시간 관계 |
| --- | --- |

499

**vor**
Vor dem Schlafen lese ich ein Buch.

499

~ 전에
자기 전에 나는 책을 한 권 읽는다.

500

**nach**
Nach dem Aufstehen gehe ich duschen.

500

~ 후에
일어난 다음에 나는 샤워하러 간다.

501

**bei**
Beim Lernen höre ich Musik.

501

~할 때
공부할 때 나는 음악을 듣는다.

**502** ● ● ●

# erst

Erst räume ich auf.

aufräumen

**502**

# 우선

우선 나는 정리를 한다.

정리하다

---

**503** ● ● ●

# danach

Und danach esse ich etwas.

**503**

# 그다음

그러고 나서 나는 뭔가를 먹는다.

---

**504** ● ● ●

# immer

Ich mache immer meine Hausaufgaben.

**504**

# 항상

나는 항상 숙제를 한다.

---

**505** ● ● ●

# fast immer

Er geht fast immer spät ins Bett.

**505**

# 거의 항상

걔는 거의 항상 늦게 자러 간다.

---

**506** ● ● ●

# oft

Mein Mann und ich gehen oft ins Museum.

**506**

# 자주

내 남편과 나는 자주 박물관에 간다.

507 ● ● ●

## regelmäßig
Machst du regelmäßig Sport?

507

## 주기적으로
너 주기적으로 운동해?

508 ● ● ●

## manchmal
Tina fährt manchmal mit dem Fahrrad zur Arbeit.

508

## 종종
Tina는 종종 자전거를 타고 직장에 간다.

509 ● ● ●

## ab und zu
Ich gehe ab und zu mit einer Freundin von mir in ein Café am Fluss.

509

## 때때로
나는 때때로 내 친구 한 명과 강가 카페에 간다.

510 ● ● ●

## selten
Ich trinke nur selten Alkohol.

510

## 가끔
나는 가끔씩만 술을 마신다.

511 ● ● ●

## fast nie
Ein Freund von mir kann fast nie früh nach Hause gehen.

511

## 거의 아닌
내 친구 중 하나는 거의 일찍 집에 갈 줄을 모른다.

512 ● ● ●

**nie**

Leon, du hilfst mir nie beim Kochen!

helfen

512

**절대 아니**

Leon, 너는 내가 요리할 때 절대 돕질 않지!

돕다

---

513 ● ● ●

**einmal/zweimal... am Tag**

Ich trinke meistens zweimal am Tag Kaffee.

513

**하루에 한 번 / 두 번 ...**

나는 대체로 하루에 두 번 커피를 마신다.

---

514 ● ● ●

**einmal/zweimal... in der Woche**

Ich mache zweimal in der Woche Pilates und ich gehe einmal in der Woche joggen.

joggen

514

**일주일에 한 번 / 두 번 ...**

나는 일주일에 두 번 필라테스를 하고 일주일에 한 번 조깅하러 간다.

조깅하다

---

515 ● ● ●

**einmal/zweimal... im Monat**

Ich rufe meine Großeltern ungefähr einmal im Monat an.

ungefähr

515

**한 달에 한 번 / 두 번 ...**

나는 내 조부모님께 대략 한 달에 한 번 전화를 건다.

대략

---

516 ● ● ●

**einmal/zweimal... im Jahr**

Ich gehe vielleicht dreimal im Jahr ins Kino.

516

**한 해에 한 번 / 두 번 ...**

나는 아마 한 해에 세 번쯤 영화관에 가는 것 같아.

517

## schon mal
Hast du schon mal eine Giraffe gesehen?
die Giraffe

517

## 한 번쯤 (한 적 있는)
너 기린 본 적 있어?
기린

518

## noch nie
Ich bin noch nie im Bus eingeschlafen.

518

## 아직 한 번도 아닌
나는 버스에서 잠에 든 적이 없다.

| Interaktion | 상호 작용 |
|---|---|

519

## können
Kannst du gut tanzen?

519

## 할 수 있다
너 춤 잘 춰?

520

## dürfen
Darf man hier rauchen?

520

## 해도 되다
여기에서 담배 피워도 되나요?

521

## verboten sein
Rauchen ist hier verboten.

521

## 금지되다
흡연은 여기서 금지입니다.

522

**erlaubt sein**

Fotos machen ist hier erlaubt.

522

**허용되다**

사진 촬영은 여기서 허용됩니다.

523

**wollen**

Was wollt ihr heute machen?

523

**하려 하다**

너희 오늘 뭐 하려고?

524

**möchten**

Ich möchte Kaffee trinken.

524

**하고 싶다**

나 커피 마시고 싶어.

525

**sollen**

Sollen wir heute Abend Pizza bestellen?

Sollen wir ~? • bestellen

525

**해야 하다, 하는 것이 낫다**

오늘 저녁에 피자 주문할까?

우리 ~ 할까? • 주문하다

526

**müssen**

Ich muss lernen.

526

**해야 하다**

나 공부해야 해.

Interaktion　상호 작용　129

527 ● ● ●
## fragen
Tina, kann ich dich kurz was fragen?
was

527
## 묻다
Tina, 나 너한테 잠깐 뭐 물어봐도 돼?
뭐 (일상 용어)

528 ● ● ●
## die **Frage**   die Frage
Entschuldigung, ich habe eine Frage.

528
## 질문
실례합니다, 질문이 하나 있습니다.

529 ● ● ●
## antworten
Er hat mir noch nicht geantwortet.
noch nicht

529
## 답하다
걔는 내게 아직 답하지 않았다.
아직 아닌

530 ● ● ●
## die **Antwort**   die Antworten
Ich habe ihn etwas gefragt, aber ich habe seine Antwort leider nicht verstanden.
verstehen

530
## 대답
나는 걔에게 뭔가를 물었지만 안타깝게도 대답을 이해하지 못했다.
이해하다

531 ● ● ●
## sagen
Was hat Lisa dir gesagt?

531
## 말하다
Lisa가 너한테 뭐라고 말했어?

532 ● ● ●

**geben**

Kannst du mir bitte das Buch geben?

532

**주다**

너 나한테 책 좀 줄 수 있어?

533 ● ● ●

**mitbringen**

Lars, soll ich dir einen Kaffee mitbringen?

533

**갖다 주다**

Lars, 커피 한 잔 갖다 줄까?

534 ● ● ●

**mitnehmen**

Nimm einen Regenschirm mit.
der Regenschirm

534

**가져가다**

우산 가져가.
우산

535 ● ● ●

**anrufen**

Kannst du mich bitte heute Abend anrufen?

535

**전화 걸다**

너 오늘 저녁에 나한테 전화 좀 할 수 있어?

536 ● ● ●

**telefonieren**

Luisa hat gestern zwei Stunden lang mit ihrer Mutter telefoniert.

536

**통화하다**

Luisa는 어제 두 시간 동안 어머니와 통화했다.

Interaktion  상호 작용

537

**schenken**

Was schenkst du deiner Freundin zum Geburtstag?

537

선물하다

너 네 여자 친구에게 생일 선물로 뭐 줘?

538

**verstehen**

Entschuldigung, ich kann Sie leider nicht verstehen.

538

이해하다

죄송합니다, 저 유감스럽게도 당신을 이해하지 못했어요.

539

**wiederholen**

Können Sie das bitte wiederholen?

539

반복하다

다시 반복해 주실 수 있나요?

540

**vergessen**

Ich habe mein Deutschbuch zu Hause vergessen.

540

잊다, 잊고 놓고 오다

나 독일어 책 집에 깜빡 두고 왔어.

541

**verlieren**

Ich glaube, ich habe meine Tasche verloren.

541

잃다

내 생각에 나 가방 잃어버린 것 같아.

542

## helfen
Kannst du mir vielleicht bei den Hausaufgaben helfen?

542

## 돕다
너 혹시 나 숙제할 때 도와줄 수 있어?

543

## benutzen
Marie, darf ich kurz deinen Stift benutzen?

543

## 사용하다
Marie, 나 잠깐 네 연필 써도 돼?

544

## leihen
Kann ich mir vielleicht dein Fahrrad leihen?

544

## 빌리다
나 네 자전거 혹시 빌릴 수 있을까?

545

## putzen
Ich glaube, wir müssen die Fenster putzen.
glauben

545

## 청소하다
내 생각에 우리 창문을 청소해야 해.
~라고 생각하다

546

## sauber sein
Mein Fenster ist sauber.

546

## 깨끗하다
내 창문은 깨끗해.

547 ● ● ●

## aufräumen
Kannst du bitte dein Zimmer aufräumen?

547

## 정리하다
너 네 방 좀 정리할래?

548 ● ● ●

## einschalten
Kann ich das Licht einschalten?

548

## 전원을 넣다
나 그 불 켜도 돼?

549 ● ● ●

## anmachen
Darf ich den Fernseher anmachen?

549

## 켜다 (일상 용어)
나 TV 켜도 돼?

550 ● ● ●

## ausschalten
Kannst du bitte das Radio ausschalten?
das Radio

550

## 전원을 빼다
너 그 라디오 좀 꺼 줄 수 있어?
라디오

551 ● ● ●

## ausmachen
Kannst du das Licht ausmachen?

551

## 끄다 (일상 용어)
너 그 불 꺼 줄 수 있어?

552

## öffnen
Darf ich das Fenster öffnen?

552

## 열다
창문 열어도 돼?

553

## aufmachen
Er macht fünfzehnmal am Tag den Kühlschrank auf.

der Kühlschrank

553

## 열다 (일상 용어)
걔는 하루에 냉장고를 열다섯 번 연다.

냉장고

554

## schließen
Können wir vielleicht die Tür schließen?

554

## 닫다
혹시 우리 문 닫아도 될까?

555

## zumachen
Mach bitte das Fenster zu!

555

## 닫다 (일상 용어)
창문 좀 닫아 줘!

# 연습문제

**Datum & Interaktion 날짜 & 상호 작용**

**1 문장을 읽고 월 이름을 독일어로 채우세요.**

ⓐ 나는 3월 21일이 생일이야.
　Ich habe am 21. _____ Geburtstag.
ⓑ 내 부모님은 7월 3일에 나를 방문해.
　Meine Eltern besuchen mich am 3. _____.
ⓒ 우리는 2월 14일에서 28일까지 휴가야.
　Wir sind vom 14. bis zum 28. _____ im Urlaub.
ⓓ 너 5월 30일에 어딨었어?
　Wo warst du am 30. _____?

**2 음성 1-5를 듣고 이에 맞는 그림을 찾아 연결하세요.**

7-Ü-2

① 　　　　　ⓐ ☃️

② 　　　　　ⓑ ☂️

③ 　　　　　ⓒ ☀️

④ 　　　　　ⓓ 🌬️

⑤ 　　　　　ⓔ ☁️

**3 음성 1-6을 듣고 이에 맞는 한국어 번역을 찾아 연결하세요.**

① ⓐ 걔는 나를 항상 도와줘.
② ⓑ 걔는 욕실을 아주 자주 청소해.
③ ⓒ 걔는 나한테 뭔가를 드물게 물어봐.
④ ⓓ 걔는 종종 걔네 할머니에게 전화를 걸어.
⑤ ⓔ 걔는 선생님을 전혀 이해 못 해.
⑥ ⓕ 걔는 그렇게 자주 정리하진 않아.

**4 문장을 읽고 적절한 독일어 단어로 채우세요. 단어의 첫 글자를 참고하세요.**

ⓐ 나는 엄청 자주 휴대 전화를 집에 깜빡 두고 온다.
   Ich v_____ ganz o_____ mein Handy zu Hause.
ⓑ 나 잠깐 네 컴퓨터 써도 돼?
   D_____ ich kurz deinen Computer b_____?
ⓒ 너 나한테 대답 좀 해 줄 수 있어?
   K_____ du mir bitte a_____?
ⓓ 너는 오늘 우산을 챙겨 가야 해.
   Du m_____ heute deinen Regenschirm m_____.
ⓔ 너희 맥주 세 병 좀 갖다 줄 수 있어?
   K_____ ihr bitte drei Flaschen Bier m_____?

**5 문장 a-f에 맞는 문장 1-6을 연결하세요.**

ⓐ Mach das Licht an.        ① Es ist hier zu warm.
ⓑ Mach das Licht aus.       ② Es ist hier zu unordentlich.
ⓒ Räum das Zimmer auf.      ③ Es ist hier zu dunkel.
ⓓ Putz den Boden.           ④ Es ist hier zu kalt.
ⓔ Mach das Fenster auf.     ⑤ Es ist hier zu hell.
ⓕ Mach das Fenster zu.      ⑥ Es ist hier zu schmutzig.

# Körper & Aussehen
# 신체 & 외관

| Kleidung | 옷 |
|---|---|
| 556 ● ● ●<br>**der Pullover** die Pullover<br>Ist das dein Pullover? | 556<br>**스웨터**<br>이거 네 스웨터야? |
| 557 ● ● ●<br>**das T-Shirt** die T-Shirts<br>Ich liebe dieses T-Shirt. | 557<br>**티셔츠**<br>나는 이 티셔츠를 사랑해. |
| 558 ● ● ●<br>**die Hose** die Hosen<br>Ist das Annas Hose? | 558<br>**바지**<br>이거 Anna 바지야? |
| 559 ● ● ●<br>**das Kleid** die Kleider<br>Ich will dieses Kleid kaufen. | 559<br>**원피스**<br>나 이 원피스 사려고. |

560 ● ● ●

**der Rock**  die Röcke
Dein Rock ist sehr schön.

560

치마
네 치마 진짜 아름답다.

561 ● ● ●

**der Schuh**  die Schuhe
Ich mag deine Schuhe.

561

신발
나 네 신발 마음에 들어.

562 ● ● ●

**die Jacke**  die Jacken
Heute ziehe ich eine Jacke an.
anziehen

562

재킷
오늘 나는 재킷을 입는다.
입다

563 ● ● ●

**der Mantel**  die Mäntel
Ich habe zwei Mäntel für den Winter.

563

코트
나는 겨울용 코트가 두 벌 있어.

564 ● ● ●

**die Brille**  die Brillen
Mein Mann trägt eine Brille.
tragen

564

안경
내 남편은 안경을 쓰고 있다.
입고 있다, 지니고 있다

| Farben | 색 |
|---|---|
| 565 ● ● ●<br>**weiß**<br>Mein Lieblingspullover ist weiß. | 565<br>흰<br>내가 가장 좋아하는 스웨터는 흰색이야. |
| 566 ● ● ●<br>**schwarz**<br>All meine Schuhe sind schwarz.<br>all- | 566<br>검은<br>내 모든 신발은 검은색이야.<br>모든 |
| 567 ● ● ●<br>**grau**<br>Ich habe heute eine graue Hose gekauft. | 567<br>회색인<br>나는 오늘 회색 바지를 샀어. |
| 568 ● ● ●<br>**braun**<br>Der Rock ist kurz und braun. | 568<br>갈색인<br>그 치마는 짧고 갈색이야. |
| 569 ● ● ●<br>**blau**<br>Der Himmel ist blau. | 569<br>파란<br>하늘은 파란색이야. |

570

**rot**
Meine Brille ist rot.

571

**빨간**
내 안경은 빨간색이야.

571

**grün**
Im Sommer sind die Bäume so schön grün.
der Baum

571

**녹색인**
여름에는 나무가 이렇게나 아름다운 초록이야.
나무

572

**gelb**
Die Sonne ist gelb.

572

**노란**
태양은 노란색이야.

573

**rosa**
Meine Lieblingsfarbe ist Rosa.
die Farbe

573

**분홍색인**
내가 가장 좋아하는 색은 분홍색이야.
색

574

**orange**
Magst du auch Orange?

574

**주황색인**
너 주황색도 좋아해?

575 ● ● ●
## lila
Meine neue Tasche ist lila.

575
## 연보라색인
내 새 가방은 연보라색이야.

576 ● ● ●
## violett
Der neue Schüler trägt nur violett.

576
## 보라색인
그 새로운 학생은 보라색만 입는다.

| Aussehen | 외관 |
| --- | --- |

577 ● ● ●
## aussehen
Wie sieht Michael aus?

577
## ~로 보이다
Michael은 어때 (보여)?

578 ● ● ●
## der **Körper**  die Körper
Er mag seinen Körper nicht.

578
## 몸
걔는 자신의 몸을 좋아하지 않는다.

579 ● ● ●
## das **Haar**  die Haare
Ihre Haare sind blond.

579
## 머리카락 (보통 복수로 사용)
걔 머리카락은 금발이야.

580

## lang
Meine Haare sind lang und braun.

580

## 긴
내 머리카락은 길고 갈색이야.

581

## kurz
Seine Haare sind kurz und schwarz.

581

## 짧은
걔 머리카락은 짧고 검어.

582

## glatt
Deine Haare sind so schön glatt!

582

## 매끄러운
네 머리카락은 이렇게나 아름답게도 매끄럽구나!

583

## wellig
Meine Haare sind wellig.

583

## 구불거리는
내 머리카락은 구불거려.

584

## gelockt
Meine Haare sind gelockt.

584

## 곱슬거리는
내 머리카락은 곱슬거려.

585 ● ● ●

die **Locke**　die Locken

Meine Mutter hat Locken.

585

곱슬머리

내 어머니는 곱슬머리야.

586 ● ● ●

der **Kopf**　die Köpfe

Mein Kopf tut weh.

586

머리

나 머리가 아파.

587 ● ● ●

das **Gesicht**　die Gesichter

Sein Gesicht ist sehr schön.

587

얼굴

걔 얼굴은 아주 아름다워.

588 ● ● ●

das **Auge**　die Augen

Seine Augen sind groß und braun.

588

눈

걔 눈은 크고 갈색이야.

589 ● ● ●

die **Augenbraue**　die Augenbrauen

Ich mag meine Augenbrauen nicht.

589

눈썹

나는 내 눈썹이 마음에 안 들어.

590

**die Nase**   die Nasen
Maries Nase ist sehr schmal.

590

코
Marie는 코가 아주 좁아.

591

**der Mund**   die Münder
Ich finde, sein Mund ist sehr schön.

591

입
내 생각에 걔 입은 아주 아름다워.

592

**die Lippe**   die Lippen
Meine Lippen sind schmal.

592

입술
내 입술은 얇아.

593

**der Zahn**   die Zähne
Ich habe immer Zahnschmerzen.

593

이
나는 항상 치통이 있어.

594

**das Ohr**   die Ohren
Meine Ohren tun heute ein bisschen weh.

594

귀
나 오늘 귀가 조금 아파.

Aussehen  외관

595 ● ● ●

**der Hals**  die Hälse
Ich habe Halsschmerzen.

595

목
나는 인후통이 있어.

596 ● ● ●

**die Schulter**  die Schultern
Seine Schultern sind sehr breit.

596

어깨
걔 어깨는 아주 넓어.

597 ● ● ●

**der Arm**  die Arme
Seine Arme sind sehr lang.

597

팔
걔 팔은 아주 길어.

598 ● ● ●

**die Hand**  die Hände
Meine Hände sind nicht groß.

598

손
내 손은 크지 않아.

599 ● ● ●

**der Finger**  die Finger
Ich habe fünf Finger an jeder Hand.

599

손가락
나는 각 손에 손가락이 다섯 개씩 있어.

600

**der Bauch** die Bäuche

Mein Bauch tut schon wieder weh.

600

배

나는 배가 또 다시 아파.

601

**der Rücken** die Rücken

Ich habe gestern viel geputzt und jetzt tut mein Rücken weh.

601

등

나는 어제 청소를 많이 했고, 그래서 지금 등이 아파.

602

**der Po** die Pos

Warum tut dein Po weh?

602

엉덩이

네 엉덩이가 왜 아파?

603

**das Bein** die Beine

Meine Beine sind ein bisschen kurz, aber das ist mir egal.

egal

603

다리

내 다리는 조금 짧지만 난 상관없어.

상관없는

604

**das Knie** die Knie

Ich habe seit zwei Tagen Knieschmerzen.

604

무릎

나는 이틀째 무릎 통증이 있어.

Aussehen 외관

605

**der Fuß** die Füße
Meine Mutter ist klein und ihre Füße sind auch klein.

605

**발**
내 어머니는 키가 작고 발도 작아.

606

**der Zeh** die Zehen
Meine Zehen sind kalt. Ich hasse den Winter.

606

**발가락**
내 발가락이 차가워. 나는 겨울이 싫어.

607

**groß sein**
Mein Freund ist groß.

607

**(키가) 크다**
내 남자 친구는 키가 커.

608

**klein sein**
Ich bin ein bisschen klein.

608

**(키가) 작다**
나는 키가 조금 작아.

609

**schlank sein**
Er isst jeden Tag Pizza, aber er ist sehr schlank.

609

**날씬하다**
걔는 맨날 피자를 먹지만 아주 날씬해.

### 610
**dünn sein**
Meine Schwester ist groß und dünn.

### 610
**마르다**
내 여자 형제는 키가 크고 말랐어.

### 611
**pummelig sein**
Ich bin ein bisschen pummelig.

### 611
**통통하다**
나는 조금 통통해.

### 612
**dick sein**
Ich bin zu dick.

### 612
**뚱뚱하다**
나는 너무 뚱뚱해.

### 613
**hübsch sein**
Peters Freundin ist sehr hübsch.

### 613
**예쁘다**
Peter의 여자 친구는 아주 예뻐.

### 614
**gutaussehend sein**
Der Kellner in dem Café ist so gutaussehend!

### 614
**잘생기다**
카페 웨이터가 진짜 잘생겼다!

615 ● ● ●

## schön sein
Findest du mich schön?

615

## 아름답다
너 내가 아름답다고 생각하니?

| Krankheit | 질병 |
| --- | --- |

616 ● ● ●

## wehtun
Mein Fuß tut weh.

616

## 통증을 주다
나 발이 아파.

617 ● ● ●

## der Schmerz   die Schmerzen
Ich habe Kopfschmerzen.

617

## 통증 (보통 복수로 사용)
나 두통이 있어.

618 ● ● ●

## krank sein
Sarah ist krank, deshalb kommt sie nicht zum Unterricht.

618

## 앓다
Sarah는 아파서 수업에 안 와.

619 ● ● ●

## übel sein
Mir ist ganz übel seit dem Mittagessen.

619

## 토할 것 같다
점심부터 나 완전 토할 것 같아.

### 620
**schlecht sein**
Mir ist schlecht.

### 620
**속이 안 좋다**
나 속이 안 좋아.

### 621
**erkältet sein**
Oh, bist du erkältet?

### 621
**감기를 앓다**
이런, 너 감기 걸렸어?

### 622
**eine Erkältung haben**
Florian hat eine Erkältung.

### 622
**감기에 걸리다**
Florian은 감기에 걸렸어.

### 623
**Schnupfen haben**
Ich habe Schnupfen.

### 623
**코감기에 걸리다**
나 코감기에 걸렸어.

### 624
**Husten haben**
Ich habe seit einer Woche Husten.

### 624
**기침을 하다**
나는 일주일째 기침해.

625

**die Nase läuft**

Mir läuft die Nase. Ich brauche ein Taschentuch.
das Taschentuch

625

**콧물이 나다**

나 콧물이 나. 나 손수건이 필요해.
손수건

626

**Fieber haben**

Haben Sie Fieber?

626

**열이 나다**

열이 있습니까?

627

**eine Grippe haben**

Lisa, du hast eine Grippe.

627

**독감에 걸리다**

Lisa, 너 독감 걸렸어.

628

**zum Arzt gehen**

Ich glaube, du musst zum Arzt gehen.

628

**병원에 가다**

내 생각에 너 병원에 가야 해.

# Memo

# 연습문제

**Körper & Aussehen 신체 & 외관**

**1** 음성 1-7을 듣고 이에 맞는 한국어 번역을 찾아 연결하세요.

①                  ⓐ 걔 코트는 빨간색이야.
②                  ⓑ 걔 치마는 분홍색이야.
③                  ⓒ 네 원피스는 파란색이야.
④                  ⓓ 걔 안경은 회색이야.
⑤                  ⓔ 내 바지는 검은색이야.
⑥                  ⓕ 우리 신발은 흰색이야.
⑦                  ⓖ 걔 스웨터는 노란색이야.

**2** 그림을 보고 아는 신체 부위를 모두 적으세요.

**3** 형용사 a-e를 보고 반대말에 해당하는 1-5에 연결하세요.

ⓐ groß
ⓑ kurz
ⓒ breit
ⓓ dick
ⓔ schön

① schmal
② hässlich
③ klein
④ lang
⑤ dünn

**4** 대화를 듣고 남자에게 해당되지 않는 것을 표시하세요.

ⓐ Kopfschmerzen
ⓑ Schnupfen
ⓒ Husten
ⓓ Halsschmerzen
ⓔ Fieber
ⓕ Ohrenschmerzen

# 정답

## Kennenlernen 서로 알아가기

**1** ⓐ ②    ⓑ ②    ⓒ ③    ⓓ ①    ⓔ ①    ⓕ ③

**2** 0152 6940 2872

**3** ⓐ ②    ⓑ ⑤    ⓒ ⑥    ⓓ ①    ⓔ ④    ⓕ ③

**4** ⓐ (h)eiße    ⓑ (k)omme    ⓒ (w)ohne
    ⓓ (g)eboren    ⓔ (a)rbeite

**5** ⓐ 수빈    ⓑ 김    ⓒ 한국    ⓓ 인천    ⓔ 의사    ⓕ 35

## Familie & Freizeit 가족 & 자유 시간

**1** ⓐ ②    ⓑ ⑤    ⓒ ④    ⓓ ⑥    ⓔ ①    ⓕ ③

**2** ⓐ 3 (drei)    ⓑ 2 (zwei)    ⓒ 1 (ein)

**3** ⓑ, ⓒ, ⓓ, ⓔ

**4** ⓐ (m)ache    ⓑ (s)pielt    ⓒ (g)ehst
    ⓓ (s)ehen    ⓔ (l)ernt    ⓕ (l)ese
    ⓖ (h)örst    ⓓ (g)eboren    ⓔ (a)rbeite

## Zeit 시간

**1** ⓐ 목요일  ⓑ 월요일  ⓒ 토요일
  ⓓ 화요일  ⓔ 일요일  ⓕ 금요일
  ⓖ 수요일

**2** ⓐ Dienstag  ⓑ am Abend  ⓒ morgen Nachmittag
  ⓓ diese Woche  ⓔ nächstes Jahr  ⓕ übermorgen
  ⓖ heute

**3** ⓐ ③  ⓑ ①  ⓒ ②

**4** ⓐ 7시 15분  ⓑ 운동  ⓒ 샤워  ⓓ 오전 10시부터 오후 3시까지
  ⓔ 오후 4시부터  ⓕ 요리, 독서  ⓖ 밤 11시

## Essen 음식

**1** ⓐ ③  ⓑ ⑥  ⓒ ②  ⓓ ⑤  ⓔ ①  ⓕ ④

**2** ⓐ (F)rühstück, (B)rot, (K)affee  ⓑ (n)ormalerweise, (S)uppe, (R)eis
  ⓒ (m)eistens, (N)udeln, (F)isch

**3** die Banane, der Apfel, die Birne, die Beere, die Ananas, die Melone, die Weintraube, die Kiwi

**4** die Kartoffel, die Süßkartoffeln, die Zwiebel, der Knoblauch, der Kohl, die Karotte, die Tomate, der Pilz, die Bohne, der Chili, die Paprika

## 정답

**Gegenstände 사물**

1. ⓐ ⑦   ⓑ ③   ⓒ ⑤   ⓓ ①
   ⓔ ⑥   ⓕ ②   ⓖ ④

2. ⓐ (G)arten   ⓑ (W)ohnzimmer   ⓒ (K)üche
   ⓓ (B)ad(ezimmer)

3. ⓐ vor   ⓑ neben   ⓒ zwischen   ⓓ hinter
   ⓔ auf   ⓕ unter   ⓖ an

4. ⓐ 2,50   ⓑ 12,90   ⓒ (den/einen) Kugelschreiber

**Fortbewegung 이동**

1. ⓑ, ⓕ

2. ⓐ ⑤   ⓑ ③   ⓒ ②   ⓓ ①   ⓔ ④

3. ⓐ (F)ahrrad, (A)rbeit   ⓑ (F)uß, (H)ause
   ⓒ (U-)Bahn, (B)ahnhof   ⓓ (A)uto, (S)chule

4. ⓐ um halb neun / um 8:30 Uhr
   ⓑ 40 Minuten
   ⓒ um zehn nach neun / um 9:10 Uhr

## Datum & Interaktion 날짜 & 상호 작용

1  ⓐ März   ⓑ Juli   ⓒ Februar   ⓓ Mai

2  ⓐ ④   ⓑ ①   ⓒ ③   ⓓ ⑤   ⓔ ②

3  ⓐ ③   ⓑ ①   ⓒ ⑤   ⓓ ②   ⓔ ⑥   ⓕ ④

4  ⓐ (v)ergesse, (o)ft   ⓑ (D)arf, (b)enutzen
   ⓒ (K)annst, (a)ntworten   ⓓ (m)usst, (m)itnehmen
   ⓔ (K)önnt, (m)itbringen

5  ⓐ ③   ⓑ ⑤   ⓒ ②   ⓓ ⑥   ⓔ ①   ⓕ ④

## Körper & Aussehen 신체 & 외관

1  ⓐ ⑦   ⓑ ④   ⓒ ③   ⓓ ⑥
   ⓔ ①   ⓕ ⑤   ⓖ ②

2  der Kopf, das Gesicht, das Auge, die Augenbraue, die Nase, der Mund, die Lippe, der Zahn, das Ohr, der Hals, die Schulter, der Arm, die Hand, der Finger, der Bauch, der Rücken, der Po, das Bein, das Knie, der Fuß

3  ⓐ ③   ⓑ ④   ⓒ ①   ⓓ ⑤   ⓔ ②

4  ⓐ, ⓔ, ⓕ

# 듣기지문

## Kennenlernen 서로 알아가기

**1**
a) Luisa ist drei Jahre alt.
b) Florian ist fünf Jahre alt.
c) Anton ist acht Jahre alt.
d) Ich bin elf Jahre alt.
e) Yvonne und Miriam sind 25 Jahre alt.
f) Du bist 54 Jahre alt.

**2**
A: Wie ist Ihre Telefonnummer?
B: 0152 6940 2872

**3**
1) Ich spreche gut Deutsch.
2) Er spricht kein Deutsch.
3) Sie spricht fließend Koreanisch.
4) Du sprichst ein bisschen Koreanisch.
5) Wir sprechen sehr gut Deutsch.
6) Ich spreche nicht so gut Koreanisch.

**5**
Hallo. Ich heiße Subin. Mein Nachname ist Kim. Ich komme aus Südkorea. Ich wohne in Incheon. Ich bin Ärztin von Beruf. Und ich bin 35 Jahre alt.

## Familie & Freizeit 가족 & 자유 시간

**1**
1) Mein Bruder ist 26 Jahre alt.
2) Meine Eltern wohnen in Berlin.
3) Mein Sohn wohnt in Bonn.
4) Meine Schwester ist 29 Jahre alt.
5) Meine Tochter hat einen Mann.
6) Meine Oma hat eine Katze.

**2** Hallo. Ich bin Tobias. Ich lebe in München. Aber meine Familie lebt in Frankfurt. Ich habe zwei Schwestern und einen Bruder. Ich bin verheiratet und habe eine Tochter und einen Sohn. Ich gehe gerne mit meinem Hund spazieren.

**3** Das ist Miriam. Sie sieht gerne fern. Sie hört gerne Musik. Und sie singt gerne. Aber sie tanzt nicht so gerne. Sie macht auch nicht so gerne Sport. Aber sie geht gerne spazieren.

# 듣기지문

## Zeit 시간

**1**
a) Donnerstag
b) Montag
c) Samstag
d) Dienstag
e) Sonntag
f) Freitag
g) Mittwoch

**2**
a) Dienstag
b) am Abend
c) morgen Nachmittag
d) diese Woche
e) nächstes Jahr
f) übermorgen
g) heute

**3**
a) A: Wie viel Uhr haben wir? B: Wir haben halb elf.
b) A: Wie spät ist es? B: Es ist Viertel nach acht.
c) A: Wie viel Uhr ist es? B: Es ist Viertel vor zehn.

**4** Ich stehe morgens immer um Viertel nach sieben auf. Von halb acht bis acht Uhr mache ich ein bisschen Sport. Und danach dusche ich. Von 10 Uhr bis 15 Uhr arbeite ich. Danach gehe ich einkaufen. Und ab 16 Uhr lerne ich Deutsch. Abends koche ich etwas und lese ein bisschen. Und um 23 Uhr gehe ich schlafen.

## Essen 음식

**1**
1) Ich trinke gerne Bier.
2) Ich mag keinen Saft.
3) Ich esse nicht so gerne Fisch.
4) Ich finde Gemüse lecker.
5) Ich trinke meistens Wasser.
6) Kuchen schmeckt gut.

# 듣기지문

## Gegenstände 사물

**1**
1) Die Küche ist unordentlich.
2) Das Fenster ist sauber.
3) Die Stäbchen sind ganz neu.
4) Der Schrank ist ein bisschen hässlich.
5) Das Handy ist teuer.
6) Das Buch ist langweilig.
7) Die Tasche ist schwer.

**4**
A: Entschuldigung.

B: Ja, bitte?

A: Ich brauche einen Kugelschreiber.

B: Hier. Wie finden Sie diesen Kugelschreiber?

A: Er ist sehr schön. Wie viel kostet er?

B: Er kostet 2,50 Euro.

A: Oh, das ist günstig. Dann nehme ich ihn. Und ich brauche auch eine Schere.

B: Scheren haben wir hier.

A: Wie viel kostet diese Schere?

B: Sie kostet 12,90 Euro.

A: Wie bitte? Das finde ich ein bisschen zu teuer. Dann kaufe ich nur den Kugelschreiber.

## Fortbewegung 이동

1. Morgen früh gehe ich zur Uni. Dann bleibe ich vier Stunden dort. Und am Mittag gehe ich zum Supermarkt und kaufe ein. Dann gehe ich zur Apotheke und zur Bäckerei. Und danach fahre ich nach Hause und koche etwas. Am Nachmittag treffe ich eine Freundin von mir und wir gehen zusammen ins Kino. Und am Abend essen wir etwas zusammen im Restaurant.

2. 
1) Das Museum ist da vorne rechts.
2) Geradeaus ist das Einkaufszentrum.
3) Bis zum Fluss ist es weit.
4) Das Krankenhaus ist da vorne links.
5) Das Rathaus ist an der Kreuzung.

# 듣기지문

## Datum & Interaktion 날짜 & 상호 작용

**2**
1) Es regnet.
2) Es ist bewölkt.
3) Die Sonne scheint.
4) Es schneit.
5) Es ist windig.

**3**
1) Er putzt sehr oft das Bad.
2) Er ruft ab und zu seine Oma an.
3) Er hilft mir immer.
4) Er räumt nicht oft auf.
5) Er fragt mich selten etwas.
6) Er versteht den Lehrer nie.

## Körper & Aussehen 신체 & 외관

**1**
1) Meine Hose ist schwarz.
2) Sein Pullover ist gelb.
3) Dein Kleid ist blau.
4) Ihr Rock ist rosa.
5) Unsere Schuhe sind weiß.
6) Seine Brille ist grau.
7) Ihr Mantel ist rot.

**4**
A: Mir geht es nicht so gut.
B: Oh, was hast du denn? Bist du krank?
A: Mein Hals tut weh. Und ich habe Husten.
B: Hast du auch Schnupfen?
A: Ja, ein bisschen.
B: Und hast du auch Fieber?
A: Nein, ich glaube nicht.

# 독일어 A1 필수어휘 - WORTLISTE A1

**2판 5쇄 발행** | 2025년 10월 15일
**지은이** | Elisabeth Baum, Samuel Trippler

**번역** | 이윤복
**감수** | Maria Loitzenbauer, Damian Pi
**디자인** | 백현지

**발행인** | 안희철
**펴낸곳** | 노이지콘텐츠(주)
**출판등록** | 2014년 1월 17일 (등록번호 301-2014-015)
**주소** | 서울특별시 금천구 디지털로 178, B동 1612-13호(가산동)
**이메일** | info@noisycontents.com

**ISBN** 979-11-6614-746-3(13750)

* 본 책은 저작권법에 의해 보호를 받는 저작물이므로 무단 전재와 복제를 금합니다.
* 잘못된 책은 구입처에서 교환하여 드립니다.